청년, 취업하고 싶어?
7Basic에 미쳐봐

인사담당자들이 진짜 중요하게 생각하는 7가지 기본 조건

청년, 취업하고 싶어?
7Basic에 미쳐봐

인사담당자들이 진짜 중요하게 생각하는 7가지 기본 조건

임승탁 지음

이담
Books

추천사

....

    청년실업 문제는 단순히 학생들의 취업난 문제일 뿐만 아니라 사회 안전망과도 관련된 심각한 사회문제다. 청년들에게 희망이 없다면 국가의 미래도 담보할 수 없다. 청년실업 문제는 정부와 기업, 대학에서 함께 고민하고 해결해야 할 과제이다. 또한 청년들 자신도 어떤 자세와 방법으로 사회에 진출할지에 대한 깊은 성찰과 고민도 필요하다.

    학생들의 진로와 취업에 대해 상담하면서 참고한 많은 취업 관련 서적들이 입사지원서 작성방법이나 면접요령 등 단편적인 내용이었던 반면, 이 책은 자신의 진로를 설계하는 동시에 단순히 직장인이 아니라 직업인으로서 어떻게 직업을 선택할 것인지, 그리고 사회생활의 기본이 무엇인지에 대해 구체적인 방법을 제시하고 있다는 점에서 큰 의미가 있다고 하겠다.

    저자는 대학교의 현직 학군단장으로서 수많은 대학생들을 지도하고 훈육하였고, 야전 지휘관으로서 휘하 장병들과 동고동락함으로써 누구보다도 청년들의 고민과 애환을 잘 이해하고 있다. 이 책을 통해 인생을 100m 단거리 경주가 아닌 42.195km 마라톤으로 설계하는 의미 있는 시간을 가져 보길 바란다. 그런 의미에서 이 책은 청년들에게 자신감과 희망의 불을 지피는 불쏘시개이며 인생의 나침반이 되리라고 확신한다.

(주)미래경력개발원 대표 차연희

세계적 불황 속에 코로나19 사태마저 불어 닥쳐 청년들의 취업시장이 최악인 듯해 대학을 운영하는 사람으로서 마음이 무겁다. 그런 관계로 동시대를 살아가는 청년들에게 기성세대로서 미안한 마음마저 숨길 수가 없다. 그럼에도 불구하고 우리 청년들이 희망의 끈을 놓지 말고 정진하며 심화된 경쟁을 뚫고 부디 성공하길 빈다. 여기에 큰 도움이 될 만한 책이 있어 추천하고자 한다.

　저자인 임승탁 대령은 30여 년간 20대 청년들을 만나면서 보고 느꼈던 것을 취업의 근본문제와 연결시켰다. 이 책은 생각의 중심을 스펙에서 Basic으로 옮길 수 있게 도와줌으로써 회사가 진짜 원하는 인재상을 만들어 취업합격으로 이끌어 주는 취업준비 지침서이자 인생의 지침서와 같아 적극 추천한다.

공주대학교 총장 원성수

　취업난 세대에 취업이 어렵고 진로가 불안해서 너무 힘들다고 20대 청년들은 아우성이다. 그런 청년들에게 이 책은 'Basic'을 갖추라고 외친다. 심플하지만 파워풀하다. 이런 책이 나오다니! 너무 반가운 책이다.

라온아시아(주) 대표 조영석

　은퇴는 진짜 은퇴와 가짜 은퇴로 구분된다. 그 차이는 어떤 준비과정을 거쳤는가에 달렸다. 첫 취업을 하는 사회초년생들도 마찬가지다. 취업의 핵심은 명확한 나를 알고 기본에 충실하는 것이다. 스펙 중심이 아닌, 회사와 자신의 동반성장이다. 이런 문제점을 진단하고 취준생 탈출을 위한 확실한 방향을 제시하는 보물 같은 책이다.

은퇴전략가 김동석

취업준비생으로 남을 것인가? 아니면 취업할 것인가? 선택은 그대의 몫이다.

I'm the diamond

뜨겁게 지져봐라
나는 움직이지 않는 돌덩이
거세게 때려봐라
나는 단단한 돌덩이
깊은 어둠에 가둬봐라
나는 홀로 빛나는 돌덩이
부서지고 재가 되고 썩어버리는 섭리마저 거부하리
살아남는 나
나는 다이아

드라마 <이태원 클라쓰>의 최강포차 대회에서 위기를 맞은 동료를 응원하며 조이서가 읊었던 시다. 많은 공감의 댓글이 달렸다.

이 시에 공감하는 그대들도 모두 다이아몬드인 것은 분명하다. 그렇다고 모두가 같은 가치를 갖고 있지는 않다. 왜냐하면 어떤 사람은 다이아몬드 원석인 상태로 있고, 어떤 사람은 찬란하고 황홀한 빛을 발하는 다이아몬드로 재탄생되었기 때문이다. 모두가 다이아몬드지만 뭇사람들로부터 가치를 인정받는 것은 재탄생된 다이아몬드다. 수십 면으로 깎여 그 면들이 서로 빛을 반사하며 최고의 아름다움을 만들어내는 다이아몬드는 시에서처럼 가장 강한 돌덩이다. 가장 강한 돌덩이가 가장 비싼 다이아몬드가 되기 위해서는 재탄생이 필요하다. 아무리 반짝거린다고 해도 원석은 작은 돌멩이 하나에 불과하다. 그것으로는 아무것도 할 수 없다. 그 가치를 인정받을 수도 없다. 1876년 남아프리카공화국의 한 소년이 여동생에게 주려고 오렌지강에서 반짝거리는 조약돌을 집으로 가져왔다. 그 조약돌은 22캐럿짜리 다이아몬드 원석이었다. 그러나 그 가치를 알지 못하는 소년에게는 하나의 반짝거리는 조약돌에 불과한 것이었다. 가치를 높이려면 어떻게 해야할까? 그대라는 다이아몬드 원석을 세공하라. 세공하는 노력이 필요하다. 여러 면으로 깎아내는 고통을 이겨낸 뒤에야 비로소 말할 수 있다. '나는 다이아.'

　　"신입사원으로 뽑을 인재가 없습니다."
　　"취업할 만한 기업이 없어요."

　　채용시장은 코로나19로 더욱 어두워졌다. '코로나 세대'라는 말까지 등장했다. 그 악재가 언제까지 지속될지 모르겠다. 이 어려운 취업의 환경을 극복하려면 지금처럼 살면 안 된다. 워라밸 따지다가 망한다. 스펙만 쌓다가 허송세월하기 쉽다. 취업준비에 대한 과감한 궤도 수정이 필요하다. 이순신 장군이 오직 나라를 구하겠다는 초지일관의 자세로 백의종군을 마다하지 않았던 그 자세가 필요할지 모른다. 이 어려운 시기에 버티고 살아남는 자가 다음 기회를 잡을 수 있다.

채용담당자들도 취준생들도 모두가 답답한 현실이다. 현시대 청년들은 단군 이래 최고의 스펙을 자랑하고 있지만, 인재가 없다고 한다. 이런 미스매칭의 현실에서 청년들을 돕고 싶은 간절한 마음이 생겼다. 그래서 취업현장에 '왜?'라는 물음표를 던져보았다. 그리고 인터넷, 수많은 관련 책들과 신문을 읽어보았다. 그러나 '왜?'에 대한 답은 쉽게 찾을 수 없었다. 그 답을 쉽게 찾았을 것 같았으면 나보다 먼저 많은 전문가들이 답을 찾았을 것이다. 그랬다면 이 시대 청년들이 덜 고민하고 덜 아파하고 덜 배고프고 지금보다 조금 더 행복할 것인데 말이다.

뽑을 인재가 없다는 것이 무슨 말일까? 나의 답은 이렇다. 많은 이유가 있겠지만 Basic이 안 갖춰진 인재들이 스펙만 갖고 대들기 때문이다. Basic이 무너진 청년, 아니 빨리 달리기 위해 Basic을 무시해버린 젊은 청년들에게 사회는 Basic을 갖추고 나오라고 이야기하는 것이다. 그도 그럴 것이 취업시험에 합격했다고 끝이 아니기 때문이다. 취준생에게도 그렇고 기업이나 회사 입장에서도 마찬가지다. 서류와 면접 등 짧은 시간에 평가한 결과로 뽑은 인재가 입사 후 다른 결과로 나타나기 때문이다. Basic이 갖춰진 사람과 그렇지 않은 사람은 입사 후 티가 난다. 조기 퇴사의 이유도 Basic이 한 몫을 한다. 그대들이 원하는 회사나 기업에서는 Basic을 가르쳐주지 않는다. 오직 평가만 할 뿐이다. 그러니 지금 당장 Basic에 눈을 떠야 된다. 사상 초유의 코로나19 사태로 무너져가는 기업들을 보았을 것이다. 처절한 생존경쟁에서 살아남기 위해 몸부림치는 기업들의 소리가 들리는가? 그런 기업에서 아무 인재나 뽑겠는가? 그대가 기업의 오너라고 생각해보라. 기업을 위기에서 구해줄, 위기를 함께 극복할 수 있는 인재들을 뽑지 않겠는가? 그런 인재는 스펙으로 평가받을 수 없다. 취업의 경쟁력을 갖추고자 노력하는 그대 청년들이여, Basic으로 무장하라. Basic이 경쟁력이다. 인재는 스펙이 아니고 Basic으로 말한다. '꼰대'가 제멋에 취해서 하는 말이라고 듣지 말라. 그렇게 생각한다면 이 책을 덮어라. 지금 나는 직장생활 30년의 삶을 통해 깨달은 것을 내가 가장 사랑하는 아들들을 생각하며 책을 썼다. 그리고 이 시대를 살아가는 청년들의 사회생활에 도움이 되길 바라는 마음으로 정성을 다해 썼다. 나의 메시지가 필요한 청년들을 위해서!

    3포 세대, 5포 세대, 7포 세대, N포 세대, 88만원 세대… 이런 암울한 말로 도배된 청년들의 마음에 공감하며 책을 썼지만, 그렇다고 김난도 교수의 『아프니까 청춘이다』 책의 제목처럼 위로하는 내용의 책을 쓴 것은 아니다. 그렇다고 자기소개서 작성법, 면접법 등의 취업준비 실용서도 아니다. 그런 책들은 많이 있으니까. 나는 회사의 인재상과 성공한 사람들 속에서 답을 찾고 취업의 핵을 뽑아냈다. '자녀에게 고기를 잡아주지 말고 고기 잡는 법을 가르쳐라.' 이 말을 기억하면서 뽑아낸 것이 Basic이다. 그러기 위해 취업 전문가들이 다양한 시각에서 써놓은 책들을 100여 권 정도 읽어보고, 취업준비의 현장 노량진 전쟁터에도 가서 취업의 현실을 간접 체험했다. 지금까지 스펙 UP 하기에 바빴던, 그러나 취업의 문턱이 높아 좌절하고 있는 젊은 청년들에게 한마디 외친다. "취업하고 싶으면, Basic에 미쳐봐! NCS(국가직무능력표준)도 두렵지 않아."

Basic이란 무엇인가? 내가 말하는 Basic은 그대들이 그토록 잘 갖춰놓은 '스펙을 빛나게 하고 오래 지속하게 하는 것'이다. 또한 채용담당자들이 보고 싶어 하는 '그대의 진짜 모습'이다. 사상누각. Basic 없이 스펙만 쌓은 사람이 그렇다. 그런 사람은 기업에서 원하지 않는다. Basic을 갖춘 사람만이 취업도, 창업도 한다. 생각의 중심을 옮겨라. 스펙에서 Basic으로.

이 책은 취업을 준비하는 20대 청년들과 그들을 응원하는 부모님들, 그리고 20대 청년들을 가르치고 관리하는 분들께 조금이라도 도움을 드리고자 썼다. 고등학교 3학년, 대학교 1학년 때 빨리 읽을 수록 좋다. 취업의 당락을 결정할 정도로 너무나 중요해져 버린

Basic이다. 그리고 Basic 없이는 취업문을 뚫을 수 없다. 누군가 이 책을 통해 잃어버린 방향을 찾고 "이제는 할 수 있어!" 하는 소리를 지르며 높은 취업의 문턱을 넘는 꿈을 꾸었다면 저자로서 기쁨이요, 이 책을 쓴 보람이 있을 것이다. 그리고 미래의 20대가 될 사랑하는 나의 딸에게도 이 책을 통해 아빠의 마음이 전해진다면 더할 나위 없이 기쁠 것 같다.

내가 이 생각을 정리하기까지 30년이 걸렸다. X세대와 함께 성장했고, Y세대·Z세대와 함께 뛰어보았다. 그 경험을 토대로 좁아져가는 취업의 문 앞에서 20대의 청년들이 이 사회에서 청년답게 살아갈 힘의 원천이 무엇인가를 뽑아냈다. 부디 Basic에 충실한 삶을 통해 첫 직업을 빨리 갖고 2~3개의 업을 갖게 될 것이라는 100세 시대를 잘 준비하길 바란다. 이 책을 읽은 그대는 다이아몬드. "You're the diamond."

취준생들의 힘들고 지겨운 일상에 '취업 합격'이라는 가슴 뛰는 일이 생기길!

2020년 4월 15일
코로나19로 온 지구촌이 꽁꽁 얼어붙은 아픔을 느끼며
임승탁

content

01
Chapter

왜 Basic이 경쟁력인가?

02
Chapter

지금 Basic에 미쳐야 하는 이유

03
Chapter

Basic에 미쳐 성공한 사람들

06
Chapter

7Basic 실행력을 키우는 21일 전략

*Basic이란?

스펙을 빛나게 하고 오래 지속하게 하는 것으로 채용담당자들이 보고 싶어 하는 '진짜 모습'을 말한다.

기업 인재상

취업, 창업에
성공한 사람들
특성

Basic

왜 Basic이
경쟁력인가?

1

인사담당자 눈에 띈다

"사람을 왜 뽑죠? 애들이 나가서 빈자리가 있으니까, 그 자리에 누군가를 앉혀야 하니까요. 어떤 놈을 뽑을까요? 그 자리에 적합한 사람이겠죠. 결국 사람을 뽑는 이유는 빈자리에 적합한 인재를 채워 시스템을 유지하기 위해서예요. 채용담당자가 그 자리에 적합한 사람을 어떻게 선정하려고 노력하는지 그 관점에서 시작하는 것이 올바른 취업의 길입니다. 결국 우리의 고민은 Best People이 아니라, Right People이니까요."

-김도윤, 제갈현열의 『인사담당자 100명의 비밀녹취록』 중에서

지금 어디선가 좌절하여 아무도 없는 혼자만의 공간에서 고민하는 그대들, 주변의 위로에 힘을 얻어 다시 취업의 문을 두드리기 위해 열심인 그대들, 그리고 이제 아무것도 모른 채 자신감 하나로 취업에 첫 도전하는 새내기 그대들. 그대들은 진정 취업하고자 하는가? 정말 취업을 하고 싶다면 생각을 바꿔라. 취업이 아니고 '채용

당해야 한다'로. 그리고 인사 담당자의 말을 잘 기억해야 한다. 'Best People이 아니라, Right People'을 뽑는다는 것을 말이다. 그대는 Right People인가? 세밀하게 따져봐야 한다. 채용담당자들은 그대들을 잘게 잘게 쪼개서 분석하여 갖가지 필터링을 통해 마구마구 걸러내고 있다.

내가 경험한 바로도 그렇다. 30년 동안 조직생활을 하면서 사람을 평가하고 선발했다. 기준은 '어떤 사람이 조직에 필요한 사람인가?'이다. 한번은 'Best People=Right People'로 생각하고 Best People을 뽑았다. 동료들 중 여러 면에서 10% 안에 드는 Best People이었다. 그런데 몇 개월 후에 일이 터졌다. 그 한 명으로 인해 한 조직이 곪아가고 있었던 것이다. 그것도 심하게 냄새가 났다. 조직의 시스템이 무너지고 썩어가고 있었던 것이다. 그래서 전체를 위해 문제되는 한 명을 뒤늦게 빼낼 수밖에 없었다. 전체 조직의 시스템 유지를 위해서였다. 원인은 능력이 아니라 태도, 자세 등의 Basic이 문제였다. 그때 나는 'Best People=Right People'이 성립되지 않을 수도 있다는 것을 알았다. 조직에 있어서 중요한 것은 조직의 목표를 달성하고 유지하는 것이다. 그 조직을 위해 사람을 선발하는 것이니 Best People이 아닌 Right People이 필요한 것이다. 이윤추구를 하는 기업이든 아니든 마찬가지다.

간절히 취업을 원하는 그대들은 Right People이 되기 위해 얼마나 열정을 쏟고 있는가? 그렇지 않다면 이번에도 채용당하지 못할 것이 뻔하다. 취업을 할 수 없다는 말이다. 직장에 들어가고 싶다면 자신을 시스템 속에 적합한 인재로 만들기 위해 노력해야 한다. 시스템을 이야기하다 보니까 한 사람이 떠오른다. 바로 알리바바 회장이었던 마윈이다. 알리바바 창업 20주년이 되는 날에 그는 알리바바를 떠나면서 이런 말을 했다. "오늘은 마윈이 은퇴하는 날이 아니라 제도화된 승계가 시작되는 날로서 이는 한 사람의 선택이 아니라 제도의 성공"이라고. 알리바바의 시스템을 유지하는 중요한 하나의 부품이 대치되는 날이었다. **Right People**, 장융을 자신의 자리에 앉히고 떠난 것이다. 이렇듯이 직책과 책임감이라는 무게감에 차이가 있을지는 몰라도 신입사원이든 임원이든 회장이든 조직을 유지하기 위해서는 조직에 필요한 **Right People**을 요구하는 것이다.

요즘 수시채용의 바람이 불어오고 있음을 느끼는가? 취업하기를 원하는 그대들에 대해 공채보다 더 세밀히 분석하고 평가해서 채용할 것이다. 한 번쯤 경험이 있을 수도 있는 인턴이라는 제도, 근무하는 것을 보고 같이 일할 수 있는 사람인지 평가하겠다는 제도이다. 한순간의 위기 모면으로 합격할 수 있는 시스템이 아니다. 어떤 제품을 사서 몇 번만 사용해보면 최초에 사려고 했던 기능을 만족하는 제품인지 아닌지 알 수 있는 것과 같다. 그런 채용시스템 속에서 그대들은 취업해야 한다. 어쩌면 지금까지는 채용을 위해 선발된 특정인인 인사담당자와 면접관의 마음에 들게 노력하면 되었다. 그러나 바뀌는 채용시스템 속에서는 함께 일할 조직원들 모두가 그대들을 평가하고 있다고 보면 된다. 그것도 하루 이틀이면 어떻게든지 이를 악물고 해볼 만할 것인데 가짜의 모습으로 한두 달의 시간을 보내기는 어렵다. 그대들이 출근해서 퇴근할 때까지 생활태도, 업무수행태도, 조직원과의 관계 등을 세밀하게 관찰할 것이다. 한두 번 만나 일할 사이가 아니라 1년, 3년, 5년, 10년 동안 같이 근무할 사람을 뽑는데 신중할 수밖에 없는 것은 당연하다.

언젠가 나와 함께 임무를 수행하는 20대의 젊은 청년들에게 '태도'에 대한 교육을 하기 위해 자료를 찾고 있었다. 여러 자료들 중에 외국 어느 대학교의 교수 채용에 관련된 내용이 눈에 띄었다. 교수 채용공고를 보고 면접을 위해 대학교에 지원자들이 모였다. 그 지원자들 중에 누군가가 공용시설인 수돗가에서 손을 씻고 나서 바닥에 가래침을 뱉었다. 그 순간 옆에 지나가던 한 면접관이 그 모습을 보게 되었다. 면접 시간이 되어 가래침을 뱉었던 그 지원자는 아무것도 모른 채 면접관 앞에 앉았다. 면접을 마치고 3명의 면접관들이 의견을 나누었다. 두 명의 면접관은 하버드대학 출신의 지원자를 뽑자고 하였다. 가래침을 뱉었던 그 지원자였다. 또 다른 한 명의 면접관에게 의견을 물었다. "그 사람과는 함께 일할 수 없습니다." 두 명의 면접관은 의아해했다. "왜 그런가요?" 그 이유를 묻자 면접 전에 공용시설에서 본 그 지원자의 행동을 설명했다. 그러자 면접관 모두가 공감했다. '우리와 함께할 수 없는 사람'이라고. 함께 살아가는 공간에서 다른 사람을 배려하지 않는 조그마한 행동이 그 지원자의 장애물이 될 줄 알았겠는가? 그 지원자도 무심코 그런 행동을 했을 것이다. 그러나 지금까지 그 행동에 대해 아무도 잘못되었다고 말해준 사람이 없어서 아무 데서나 의식 없이 행동하며 살아왔을 것이다. 결국 그 지원자는 최고의 학력과 실력을 인정받았지만 생활태도, 즉 Basic에서 인정받지 못해 탈락되었다.

면접은 채용공고를 보고 서류를 접수하는 순간부터 면접 결과가 발표될 때까지다. 체득화되지 않은 것은 자기 것이 아니다. 결국 들통난다. Right People로 평가되는 사람은 Basic이 체득화된 사람이라고 할 수 있다. 그러니 보기 좋은 스펙만 쌓아서 겉만 포장하려 하지 말고 Basic으로 무장한 속이 알찬 진짜를 만들어야 한다. 시간 잘 지키고, 인사 잘하고, 웃음이 가득 차고, 조직의 분위기를 밝고 활기차게 만들고, 업무를 맡기면 어떻게든지 해결하려고 노력하는 사람, 이런 사람과 함께 일하고 싶어 하지 않을까? 그런 사람이 Basic이 갖춰진 사람이고, 그런 사람이 인사담당자나 채용담당자들의 눈에 띄는 것은 당연할 것이다.

2

취업의 방주다

　"방주를 탈 수 있는 단 한 사람 외 99명은 가라앉는다. 100명 중 한 명만 방주에 타는 거야. 나머지 99명은 가라앉지. 난 가라앉지 않아. 1%의 생존, 99%의 희생."

　영화 <라스트 홈>에서 나오는 대사이다. 주인공이 단 한 채의 자기 집을 지켜내기 위해 다른 99명의 집을 빼앗아야 하는 비참한 이야기를 담은 영화다. 이 영화처럼 비참한 현실 세계가 존재한다. 취업 세계이다. 취업 성공의 문은 갈수록 좁아지고 있다. 그 좁디좁은 문 앞에는 비집고 들어가려고 하는 사람들로 북적거린다. 설상가상으로 2020년은 코로나19로 세계경제가 빙하기에 접어든 느낌이다. 모든 것이 멈추고 있다. 지구촌이 얼어붙었다. 지구촌이 불안하다. 수출에 대부분을 의지하는 우리나라는 더 말할 것이 없다. 기업들은 정직원 일부를 해고해야 될 입장이다. 그런 현실 앞에서 취준생들은 죽을 맛이다. 이번에는 어떻게든지 취직해보려고 안간힘을 쓰며 준비해왔는데 기회가 사라지고 있는 것이다. 그래서일까? 좌절의 맛을 보고 일어서길 두려워하고 포기하는 취준생들이 늘어나고 있다. 이럴 때 어떻게 해야 하는가? 취준생들의 고민이 이만저만이 아니다. '방주를 탈 수 있는 단 한 사람이 내가 될 수 있을까?' 두렵다. '1%의 생존, 99%의 희생.'

현실은 피할 수 없다. 경제 빙하기에 접어든 이때, 살아남기 위해서는 뛰어난 재능이 있어야 한다. 중간 정도의 재능을 가지고서는 오고 갈 데가 없다. 그대들 앞에 펼쳐진 현실을 직시해야 된다. 이런 상황이 얼마나 지속될지 모른다. 현실을 외면한 채 취업하려 드는가? 그대들이 생각하는 현실이 이루어지길 기다리고 있는가? 그런 자세로는 절대로 빨리 취업하기는 어렵다. 취업이 급하지 않은 그대들이 있다면 그대들이 생각하는 현실이 펼쳐질 때까지 기다려라. 자신 있다면 말이다.

"고속도로가 될 수 없다면 오솔길이 되어라. 태양이 될 수 없다면 별이 되어라. 네가 이기고 지는 것은 크기에 달려 있지 않다. 무엇이든 최고가 되어라."

시인 더글라스 멜록의 말이 생각난다. 그대들은 크기와 상관없이 최고 분야를 만들어야 한다. 그 분야에 그대들만의 퍼스널브랜딩을 해야 한다. 그래야 침몰의 위기에 있는 99%에서 벗어나서 방주에 탈 수 있는 1%가 될 수 있다. 지금까지 취업 도전에 수없이 실패했는데 방주에 탈 수 있는 1%에 들어갈 수 있을까를 고민하는가? 어떤 영화 대사에 이런 말이 있다.

"실패자가 뭔지 아니? 진짜 실패자는 지는 게 두려워서 도전조차 하지 않는 사람이야. 넌 지금 도전 중이잖니, 안 그래?"

우리에게 실패할 이유는 100가지도 넘는다. 그래서 도전을 멈춘다면 바로 실패자가 되는 것이다. 그렇지 않고 또 도전을 준비하고 있다면 실패자가 아니다. 어제의 실패한 그대를 버리고 내일의 그대로 혁신하면 취업의 방주를 탈 수 있다.

어느 날 지방 국립대에 다니는 어떤 남학생과 식사를 같이 할 기회가 있었다. 병역의 의무를 마치고 4학년이 되는 학생이었다. 이런저런 대화를 하다가 취업준비를 어떻게 하고 있는지 물어보았다. 그의 대답은 나에게는 충격이었다. "이제부터 하려고요." 4학년이다. 졸업까지는 1년 남았다. 물론 급하게 생각할 것은 없지만 과연 취업의 현실을 제대로 알고 지내는지 궁금했다. 대화를 계속해나가다 보니 목표와 방향이 설정되어 있지 않은 것을 알 수 있었다. 단지 자격증을 따야겠다는 말뿐이었다. 그것이 현재 4학년이 되는 학생의 취업준비 전부였다. 거기에 교수님이 이 지방에서는 파워가 있다고 하였다. 다행인지는 모르겠다. 미래라고는 하나도 보장된 것이 없는 청년이 걱정이 없다. 무사안일, 무사태평! 나는 5년 뒤 제2의 인생을 무슨 일을 하며 살지 걱정이 되어서 지금부터 준비하기에 바쁜데 말이다. 인생사 모든 것은 자기 책임분담이 있다. 자기가 갖추어야 하는 것은 기본적으로 갖추어놓은 상태에서만이 주변 사람들이 도움이 되는 것이다. 생존하는 1%에 속하는 사람들은 살아남기 위해 1% 방법으로 취업준비를 한다. 그럼 99%의 사람들은 어떤 방법으로 취업준비를 해야 하는가? 어쨌든 사회적인 시스템을 핑계 삼아서 99%로 남아 있어서는 안 된다. 계층 상승의 사다리가 없어졌다면서 주저앉아 있을 수만은 없다. 그럴수록 99%에서 벗어날 수 없다. 그런 자세로는 벗어날 수 있는 기회를 상실하고 말 것이다. 제발 지금의 그대 능력을 한계 짓지 말아라. 그리고 높은 실업률의 쓰나미가 몰려오고 있음을 느껴야 한다. 이런 때는 스펙으로 만든 배는 견디지 못하고 침몰하고 만다. 오직 Basic으로 건조된 튼튼한 방주만이 살아남을 수 있다. Basic으로 취업의 방주를 만들어야 한다. 물론 그 과정은 힘들지만 살아남기 위해서는 견뎌야 한다. 그렇게 Basic으로 만들어진 방주 안에 직무지식, 자격증, 경연대회, 공모전 등을 태워라. 그래야 높은 파도와 세찬 바람에 파선하지 않고 순항한다.

1% 생존의 세계에서 살아남길 원하는 그대들이여! 취업의 방주를 타기 위해서는 하위 1%를 주의해라. 그들은 제대로 취업준비도 하지 않으면서 온갖 부정적인 생각에 사로잡혀 살고 있다. 그러면서 살아남기 위해 진짜 노력하는 취준생들을 현혹하고 있다. 실업률의 쓰나미를 피해갈 수 있는 사람은 없다고 하며 남 탓, 사회 탓만 하는 사람들이다. 그런 사람들은 만년 취준생으로 남을 가능성이 크다. 그러니 하위 계층 1%의 소리에 귀 기울이지 말고 침몰하는 99%에서 벗어나기 위해 도전하는 1%가 되어야 한다. 그런 도전을 하는 청년들이 그대들 주변에 있다. 그들은 Basic에 충실한 삶을 살며, Basic으로 방주를 만든다. 그대들과 다르지 않은 사람들이다. 그러니 힘을 내라. 취업의 방주를 탈 수 있는 단 한 사람이 바로 그대다. 방주에 탈 것인가? 가라앉을 것인가? 선택은 그대에게 달려 있다.

3

이것으로 충분하다

"이치로는 천재다. 메이저리그서도 매년 200안타를 치는 선수다. 하지만 1년 토털로 보라. 200번(타수) 넘게 실패한다. 넌 이제 막 20번 정도 실패했다. 겨우 그 정도로 무슨 고민이냐. 너보다 더 많이 실패하고도 더 크게 되는 사람들이 많다. 지금 네가 제일 괴롭다고 느껴지겠지만 세상엔 더한 고난을 이겨낸 사람들이 많다. 게다가 넌 천재형 선수가 아니다. 네가 어떻게 여기까지 왔나를 생각해라. 펑고 받다 기절까지 할 정도로 땀 흘려 이뤄낸 성과다. 더 잘하고 싶으면 처음으로 돌아가라. 안타 하나, 홈런 하나에 흔들리지 마라. 넌 타점을 많이 올려야 할 타자다. 안타 못 쳐도 땅볼이나 희생플라이로 타점 만드는 것에 재미를 붙여라."

-출처: 이데일리

SK 최정 선수가 8경기에서 3개의 안타를 치며 부진했던 적이 있었다. 그때 SK 김성근 감독이 최정 선수와 2시간 동안 면담을 했고,

그 후 2경기에서 5개 안타를 몰아 친 최정 선수의 달라진 모습을 보고 그 이유를 기사화한 내용 중 일부이다. 김 감독이 들려준 2시간의 이야기는 최정 선수의 흔들리는 내면의 정신을 강하게 붙잡아주었던 것이다. 실패에 대한 부담감을 떨쳐버리고 타점을 올리는 타자라는 것을 잊지 말라는 것이었다. 자기가 누구인지를 잊어버리면 그 순간부터 방향성을 잃어버리게 된다. 천재형 선수도 아니다. 오직 땀으로 만들어 차지한 자리다. 그 사실을 잊어버리고 마치 천재형 선수처럼 행동한다면 무너질 수밖에 없다. Basic으로 만들고 Basic으로 차지한 자리다. 그리고 자신의 역할과 임무를 제대로 알고 행했던 자세가 Basic이다. 그 사실을 잊어버리고 주자들이 나가 있는데 다른 선수들의 홈런을 보고 자기도 홈런을 쳐야 된다는 생각에 지배당하여 Basic을 잊어버린 것이다. 팀보다는 개인을 위한 생각으로 돌아가 버린 것이다. 팀워크가 Basic인데 말이다. 결국 힘이 들어가고 삼진이나 내야 아웃으로 끝나버릴 경우가 많다. 그럼 타점을 올리지 못한 채 타석에서 돌아와야 된다. 고개를 숙인 채. Basic의 상실이다.

Basic에 대한 또 다른 이야기가 있다. 안성은 저자의 『드디어 팔리기 시작했다』라는 책을 읽다가 무인양품 기업에 대한 이야기를 보았다. 일본의 잃어버린 20년 동안에도 성장의 가도를 이어간 기업 이야기다. 저자의 표현에 의하면 무인양품은 이런 기업이었다. "브랜드의 시대에 브랜드를 없애버린 기업이었다. 껍데기는 걷어치우고 본질을 중요하게 여기는 기업으로 등장했다." 브랜드를 없애버리고 본질에 충실한 기업의 소리는 소비자들 마음에 스스로 질문을 던지게 하였다. '나에게 진정으로 필요한 물건이 무엇인가?' 소비자들 사이에서 센세이션을 일으키기 시작했다. '무인신화'를 만들어낸 것이다. 그런데 어느 순간부터인가 위기가 찾아왔다. 고객의 만족도 향상과 브랜드의 내실보다는 수익을 높이는 데 눈이 돌아갔다. 게다가 직원들은 더 좋은 제품을 만들겠다는 열정이 사라진 상태였다. Basic의 상실이었다. 이때 무인양품이 선택한 위기 대처방법은 2명의 구원투수를 투입하는 것이었다. 그런데 위기의 순간에 투입된 2명의 구원투수가 내린 결론은 정말 단순했다. '이것으로 충분하다. 본질만 남긴다'이었다.

이후 디자인에 개성을 담지 않았다. '디자인을 하지 않는 디자이너'를 모집한다는 공고를 냈다. 이렇게 무인양품만의 기본을 철저히 지켜나감으로써 다시 부활했다. 이처럼 본질을 잊어버리는 순간에 모든 것은 서서히 사라져간다. 본질은 가치라고 할 수 있다. 무인양품은 본질에 충실한 기업으로 시작해서 성장한 기업이었다. 그런 기업이 본질을 벗어나니 위기가 찾아왔고, 다시 본질로 돌아오니 부활했다. 무인양품만의 본질, 그 가치를 팔았던 기업이 가치가 달라지면 소비자는 당연히 돌아서게 되어 있다. 팔리는 제품은 기업이 만들어낸 가치가 소비자가 생각하는 가치와 연결될 때 가능한 것이다.

대부분의 취준생들이 본질보다는 브랜드에 열광하고 있다. 생각이 깨어 있는 그대들에게 말한다. 그대들은 본질에 충실하길 바란다. 더 이상 스펙으로 과다 포장하려 하지 말고 그대들의 본질을 보여주기 위해 노력해야 한다. 껍데기와 같은 스펙은 걷어치우고 그대들의 본질을 팔아야 한다. 그대들이 가지고 있는 가치를 팔아야 한다. '이것으로 충분하다.' 급한 마음에 그대들의 본질을 팔겠다는 생각에서 벗어나면 Basic이 무너지면서 위기가 찾아온다. 본질을 찾고자 하는 열정이 사라진 채 위기가 지속된다. 그 위기에서 벗어나려면 지금 당장 Basic으로 돌아가야 한다. 좁디좁은 취업문의 현실 앞에 초조함에 Basic이 무너져버린 그대들이여! Basic이 답이다. Basic을 사용하라. 그것으로 충분하다.

4

스펙보다 중요하다

"사람들이 자기소개서가 진짜 자기소개서라고 착각을 해요. 사실 우리가 지원자들의 성장배경이 왜 궁금합니까? 하나도 안 궁금해요. 미친놈들이 진짜 궁금한 줄 알고 그렇게 적는다니까요. 결국에 자소서는 직무를 향해야 하는 거예요. 자기소개가 아니라. '내가 이 직무를 하기에 적합한 사람입니다'라는 걸 증명하는 게 자소서예요. 지원동기, 성장과정, 역경극복 등 이 모든 것들을 직무랑 연결시켜서 써야 해요. 그렇게 쓰는 친구는 스펙이 좀 부족해도 우리가 합격을 시킬 수 있거든요. 문제는 그렇게 적는 애가 없어요."

-김도윤, 제갈현열의 『인사담당자 100명의 비밀녹취록』 중에서

대부분의 취준생들이 이 스펙, 저 스펙 따느라 분주하다. 지금의 스펙에 만족하지 못하고 불안하여 스펙 탑을 쌓느라 정신없다. 마치 동대문시장에서 가성비 좋은 옷을 득템해서 면접 보러 갔다가 떨어진 것 같아서 백화점 옷을 사러 가는 것과 같다. 왜? 면접에서 옆에

있던 지원자는 굉장히 비싸 보이는 옷을 입고 있었는데 면접관들이 그 지원자에 대해 호감 갖는 것을 보았기 때문이다. 비싼 옷이 합격의 지름길이고 정답이라고 하는 주변의 말에도 귀가 솔깃해서다. 물론 입고 간 옷이 영향을 미칠 때도 있을 것이다. 의류, 패션에 관련한 회사에 취업하려면 그런 감각적 마인드와 실력을 입은 옷을 통해 어느 정도 보여줄 수 있기 때문이다.

하지만 인사담당자들이 하는 말과 취업에 성공한 사람들의 이야기 등을 살펴보면 스펙 때문에 취업했다고 하지 않는다. 하나같이 '직무' 관련 이야기를 하고 있다. 소소한 경험이라도 직무와 연결하여 자기만의 가치를 잘 녹여냈다면 그것이 취업의 성공을 이끈다고 말한다. 물론 스펙이 좋은 사람도 있다. 그렇다고 스펙만 좋아서 취업되었다고만 말하기는 어렵다. 그들에게는 스펙에 맞는 직무능력이 충분하다고 할 만한 소재의 이야기들이 있었던 것이다. 그 소재의 이야기 속에 지원자의 가치가 담겨 있다. 그 가치를 회사의 입장에서 도움이 된다고 판단하면 사는 것이다. 한 사람의 가치가 회사를 살리기도 하고, 유지하기도 하며, 발전시키기도 한다. 그래서 가치가 없는 사람은 같이 일을 할 수 없다고 판단하는 것이다. 스펙에 그대의 가치를 담을 수 있는가? 고스펙이 그대의 가치를 말해주는가? 아니다. 스펙은 그대의 가치를 담을 수 없다. 오직 그대의 가치는 Basic에 담을 수 있고, 그 Basic을 보여주고 사게 만드는 것이 취업의 과정이다. 그러니까 채용담당자의 기대만큼 Basic이 충분히 담겨 있다고 믿게 해주지 않는다면 그대의 운명은 팔리지 않는 재고품으로 전락하고 만다.

다음은 김나이 저자의 『이기는 취업』에 나오는 취업이 안 되고 있는 취준생과의 상담 사례다. '화려한 스펙을 가진 친구들은 전부 취업에 척척 성공할까? (중략) "…그래서 제가 취업이 안 되나 봐요." 알고 보니 그는 4.3점 만점에 4.3점을 받는 전 과목 A+ 학생이었다. 심지어 영어 시험 점수, 중국어 시험 점수도 만점이었고 학생기자 경험, 다양한 홍보대사 활동, 아르바이트 경험까지 없는 게 없었다. 말 그대로 최상의 스펙을 가지고 있었다.' 김나이 저자는 이 학생을 평가하길 'A+ 학생은 성적만 좋았지 자신의 능력을 설명하는 능력은 F였다'고 한다. 그렇다. 스펙은 A+, 직무적합성이나 조직적합성을 볼 수 있는 Basic 설명은 F라는 결론이다. 이런 방향으로 취업준비를 한다면 100전 100패가 될 게 뻔하다. 스펙이 아니라 Basic으로 취업하는 것임을 말해주는 사례이다. 계속 스펙으로 취업하려고 하면 하루이틀 팔리지 않는 제품이 진열대에서 밀려나 재고창고로 들어가고 말듯이 그런 신세가 된다. 재고창고로 한 번 들어간 제품이 다시 진열대로 나오기란 하늘의 별 따기다. 그대의 운명을 재고창고로 밀어넣지 않으려면 빨리 팔릴 수 있도록 마케팅이 필요하다. 그 마케팅의 핵심은 경험을 통한 Basic의 발견이고, 그 경험에서의 깨달음이 그대의 가치다. 그 가치를 지원한 회사나 직무와 연결하면 되는 것이다. 많은 경험도 필요하지 않다. 제대로만 깨닫는다면 말이다.

그대만의 길을 만들어라. 에베레스트산 정상에 올라가는 길은 그동안 수많은 사람들이 다녔던 길이다. 그러나 그 길만이 정상에 오를 수 있는 길은 아니다. 누군가 새로 개척해서 정상에 오른다면 그 길도 하나의 정상에 이르는 루트가 되는 것이다. 코리안 루트도 그렇게 생겨났다. 새로 우리나라 등반가가 개척한 길이다. 이렇듯 취업의 길도 마찬가지다. 남들이 만들어놓은 길에 수많은 경쟁자들로 가득 차 있다면 다른 길을 개척하면 된다. 여기에는 약간의 도전정신이 필요하다. 그런데 많은 취준생들이 동일한 길을 따라 천편일률적인 경험과 깨달음을 가지고 취업하려 한다. 유사한 경험에서 느낀 일반적인 깨달음을 가지고 어떻게 경쟁하려고 하는가? 그대만의 가치를 만들 수 있는 경험과 깨달음이 필요하다. 취업준비를 하는 20대 그대들이여! 그대의 가치를 팔고자 하는 곳에서 그대만의 가치를 사고자 할 것인지 생각해보아라.

취업하고자 하는 직무와 회사를 선택했는가? 그렇다면 거기에 맞는 Basic을 그대 속에서 이끌어내라. 아직 선택하지 못했어도 좋다. 그런 취준생들은 좋아하고 하고 싶은 것을 하면서 Basic을 폭발시켜라. Basic에 미치면 갈 길이 보인다. 그 길을 Basic과 함께 걷다 보면 잘하게 된다. 잘하게 되면 취업이 될 가능성이 커진다. 그리고 취업 후 지속성이 유지된다. 그대들이여! 그러할진대 채용담당자들이 보고 싶어 하지 않는 스펙으로 취업하려 하지 말고 정말 보고 싶어 하는 Basic으로 취업하라! 그것이 진짜 취업을 하는 것이다.

5

MZ세대에게 Basic은 필요 없을까?

'베이비부머 세대, X세대, MZ세대(또는 Y세대, 테크 세대, 미제 너레이션, 새천년 세대).' 모두 세대를 관통하는 말들이다. 말들은 다른데 세대를 이어가고 있다. 이것이 인류의 역사다. 그런데 이 역 사를 이어가게 하는 것은 무엇일까? 기원전 1700년경 수메르 점토 판에도 세대 차이를 알 수 있는 글이 새겨져 있다고 한다. '요즘 젊 은이들은 어른을 공경할 줄 모르고 버르장머리가 없다. 말세다'라는 글이다. 지금도 변함없이 세대 차이를 나타내는 말들이 허공을 떠돌 고 있다. '꼰대'와 '요즘 것들'로 대별된다. 어쩌면 이 책도 '꼰대'가 (그런 소리 듣고 싶지는 않지만) '요즘 것들'에게 하는 말이라고 할 수 있다. 다른 의미로 세대를 구분하고 있지만, 따로 살 수는 없다. 연결되어 있고, 관계 속에서 살아가야 한다. 그럼 어떻게 연결할 것 인가? 어떻게 관계를 이루며 살아갈 것인가? 이것이 문제다. 갈등이 냐? 조화냐? 살아가는 방법은 고정되어 있지 않다. 흐르는 물처럼 변화해왔다. 왜? 환경이 변하고, 사회가 변하고, 삶의 주체인 사람이 변해왔기 때문이다. 그것도 차원을 높여서 말이다. 인간들은 새로운 문명과 문화를 만들면서 어디를 향해서인지 바쁘게 달려왔고, 지금도 어디론가 달려가고 있다. '꼰대'도 달렸고, '요즘 것들'도 달리고 있다. 여기서 문제는 '꼰대'와 '요즘 것들'이 한 팀이라는 사실이다. 다른 팀이면 침범할 수 없는 레인(lane)을 따라 서로 잘난 체하며 제 실력껏 뛰어가면 된다. 다른 레인의 선수들이 넘어져도 상관없다. 아니 넘어지면 더 좋다. 그런데 꼰대와 요즘 것들은 한 팀의 서로 다른 주자들이니 누구도 넘어져서는 안 된다. 선두 주자인 '꼰대'가 가장 어려운 시기에 출발했다. 그리고 뛰는 도중에 또 어려움을 겪어야 했다. 후발 주자인 '요즘 것들'도 어려움이 있었다. '꼰대'들이 외환위기로 직장에서 내몰리는 것을 보면서 뛸 준비를 했다. 1번 주자 '꼰대의 대표 베이비부머'의 바통을 받아 2번 주자 '덜 꼰대 X세대'가 뛰어가고 있다. 이제 3번 주자 차례다. '요즘 것들의 대표 MZ세대'가 뛴다. 바통을 인계한 1번 주자는 3번 주자의 거침없는 질주를 응원한다. 한 팀이니까. 나도 그대들을 응원한다. 이제 바통을 받은 MZ세대들에게 필요한 것은 끝까지 전력을 다해 뛰는 것이다. Basic의 힘으로!

소크라테스는 말했다. "요즘 아이들은 버릇이 없다. 부모에게 대들고, 음식을 게걸스럽게 먹고, 스승에게도 대든다." 요즘 직장에서도 비슷한 말들을 한다. "요즘 신세대들은 왜 이렇게 버릇이 없지? 예의도 모르고, 자기 할 일이나 제대로 하면서 말하지?" 그러면서 심하게는 '말세'라며 혀를 차며 말한다. 바라보는 입장 차이가 극명한 현실 속에서 젊은 그대들은 취업을 해야 한다. '꼰대'들은 그들만의 삶의 방식이 있고, 그 방식을 규칙으로 인식하며 살아왔다. 그런데 새로운 성향의 사람들이 나타난 것이다. '요즘 것들'의 등장이다. 그들의 행위는 '꼰대'들의 사고방식으로 이해하기 힘든 것이다. '꼰대'들이 만들어놓은 생각의 틀에서 벗어나는 행동들이 마음에 들지 않는 것이다. 그러나 이런 현상은 단지 오늘날의 일만은 아니었던 것 같다.

"요즘의 젊은이들은 직접 자기들에게 개인적인 손해가 나면 그때는 꿈틀거린다. 그리고 저보다 약한 자에게는 무섭게 덤빈다. 그러면서 일단 개인을 떠나 사회 전체, 국가 민족 전체가 해를 입을 경우는 나 모른다는 태도와 철두철미 이기주의적이고 비인간적인 교육을 받아 온 20대, 30대의 젊은이들, 이들이 아이들을 교육한다는 것은 무서운 일이다."

-<이오덕의 일기> 1963년 9월 24일 내용의 일부

이렇듯 예나 지금이나 꼰대와 요즘 것들의 생각의 차이가 큰 상황에서 '요즘 것들'인 그대들은 무엇을 해야 하는가? 좌절의 현실 속에서 일어서야 한다. '꼰대'들이 바라보지 못하는 세상을 그대들은 감각적으로 바라보고 있다. 그래서 그대들은 '꼰대'들을 향해 외쳐야 한다. 그대들이 바라보는 '저 세상'에 대한 행동에도 열정이 있고, 도전이 있고, 책임감이 있다고. 어떤 때는 희생도 할 줄 알고, 서로 뭉칠 줄도 안다고. 이기주의적인 것 같으면서도 전체를 생각할 줄도 아는 그대들의 세대라는 것을 어필해야 한다. 그런 것을 '꼰대' 세대들은 요구하고 있다. 그대들과 함께해야 '저 세상'에 대한 대비가 가능하기 때문이다. "이 세상 문제가 아니다. 꼰대와 요즘 것들이 머리를 맞대고 저 세상 문제에 대한 완벽한 작전을 짜야 한다." 물론 그대들

에게는 시간이 필요한 것들이 있다. 경험과 능력, 이런 것들은 축적의 시간이 필요하다. 문제는 기업이 기다려주지 않는다는 것이다. 기업은 변화에 적응하지 못하면, 경쟁기업보다 변화 속도가 빠르지 못하면 한순간에 사라지기 때문이다. 이기지 않으면 패하는 전쟁터에 서 있는 것이다. 그런 전쟁터에서 살아남기 위해 필요한 인재를 찾고 있는 것이 채용시장이다. 위험한 전쟁터에서 목숨 걸고 함께 일할 인재가 필요한 것이다. 전쟁은 한 가지 방법으로 수행되지 않는다. 적의 전략과 전술에 따라 이길 수 있는 나의 전략과 전술을 사용해야 되기 때문이다. 급속도로 발전하고 있는 문명과 전 세계가 너무나 가까워져 얽히고설킨 영향력을 행사하는 기업의 환경에서 '꼰대' 세대들에게는 그대들이 필요하다. 그런 환경에서 자랐고, 교육을 받았기에 경험은 부족하지만 자질을 품고 있어서다. 그래서 부족한 경험이지만 그런 자질이 있음을 보여주어야 한다.

'저 세상'에 대한 감각은 있으나 Basic과 경험이 부족한 그대들이여!

취업에 성공한 '요즘 것들'과 취업에 실패한 '요즘 것들'의 차이를 일부의 잘못된 '요즘 것들'이나 사회현상에서 찾으려 하지 말라. 그것으로 인해 실망과 좌절, 포기 속에 살지 말라. 목표를 일찍부터 세우고, 다양한 체험을 통해 그대가 있어야 할 자리를 찾고, 그대가 해야만 되고 할 수 있는 일, 좋아하는 일을 찾기에 서둘러라. 전념을 다해라. 수능 보느라 힘들어서 대학에서 쉬어버리는 그대들, 그 시간이 너무 길다. 4학년이 돼서야 이제 취업준비를 하는 것은 늦다. '요즘 것들' 모두가 그러는 것이 아니다. 취업하는 '요즘 것들'은 일찍 시작한다. 목적이 있고 방향을 정확히 잡고서 다양한 방법으로 공격한다.

그 과정에 쓰라림도 맛보고 성취감도 느낀다. 온몸으로 실패와 성공을 체득해가며 Basic으로 무장한다. Basic 없이는 앞으로 나아갈 수 없다. 취업을 원하는 MZ세대 그대들 안에 숨어 있는 Basic을 발견하고 끄집어내야 한다. 그것은 One team인 1번 주자 '꼰대' 세대들이 요구하고 있는 것이고, 성공하는 MZ세대들에게서 볼 수 있는 것들이다. 누구나 가지고 있는 그대 안의 Basic을 끄집어내라. 스펙 탑만 쌓으려고 하지 마라. 목적을 향해 Basic의 힘으로 뛰면 취업할 수 있다. Basic은 세대를 관통하고 이어준다. 그러므로 그대들에게도 Basic이 필요하다.

선택이 아닌 필수

"스노클링 해보았는가?"
스노클링의 기본은 수영.
취업의 기본은 스펙? NO! 그럼 무엇?

정말로 아름다운 바다, 그 바닷속을 구경하고 싶은 사람들은 스노클링을 한다. 황홀한 신세계 바닷속을 두 눈으로 직접 보게 되는 순간을 만끽하기 위해서다. 그런데 수영을 하지 못하는 사람들에게는 그 세계가 허락되지 않는다. 스노클링을 위한 장비는 모두 착용하고 바다로 뛰어들었으나 바닷속으로 몸이 들어가지 않는다. 왜? 불청객 구명조끼를 착용하고 있기 때문이다. 수영을 못하니까. 바다에서 죽을 수는 없지 않는가? 그러다 보니 바닷물 위에 둥둥 떠서 바다 밑을 보려 할 뿐이다. 스노클링을 경험해보았다는 것만으로 만족해야 하는 수준이다.

나의 딸의 버킷리스트 중 하나가 스노클링을 해보는 것이었다. 어느 해 여름, 바쁜 일정이지만 휴가를 내서 딸의 버킷리스트 스노클링을 하러 떠났다. 물론 스노클링이라는 맛만 느낄 정도의 체험을 하는 곳이었다. 3시간가량 차를 타고 바닷가에 도착했다. 옷을 갈아입고 티켓을 끊고 장비를 지급받았다. 2인용 배를 타고 딸과 함께 노를 저어서 자그마한 섬으로 이동했다. 그 섬에 도착하니 물이 정말 깨끗했다. 장비를 착용하고 바닷속을 구경하기 시작했다. 아무리 발버둥을 쳐도 몸이 물속으로 잠기지 않았다. 딸과 나의 몸에 있는 구명조끼 때문이었다. 그러니 물 위에 둥둥 떠 있을 수밖에 없었다. 답답해서 안전요원에게 물으니 수영을 잘하는 사람은 벗어도 된다고 했다. 나는 구명조끼 없이 하고 싶었으나 딸은 두려움이 있었는지 벗지 않았다. 그래서 구명조끼를 입은 채 자세를 조금 달리하여 맑은 바닷속에서 헤엄쳐 다니는 물고기를 구경하는 것으로 만족해야 했다.

신비한 바닷속 체험을 제대로 하려면 수영을 할 줄 알아야 한다. 다시 말해서 스노클링의 Basic은 수영이다. 그래야 목적을 달성할 수 있다. 그대들의 취업 상황이 이와 같다. 신비하고 황홀한 바닷속은 그대들이 입사를 원하는 기업이다. 기업이라는 바닷속으로 들어가서 그 신비함과 황홀함을 만끽하고 싶은 것이다. 그대들이 선택한 것이다. 스노클링을 하기 위해 각종 장비를 구입해서 갖추었다. 사용법도 익혔다. 다른 사람들이 신비한 바닷속으로 들어가는 것을 보았다. 그들처럼 할 수 있다고 도전장을 내밀었다. 바다로 풍덩! 그러나 그대들의 몸은 바다 위에 둥둥 떠 있다. 아무리 발버둥을 치며 바닷속으로 들어가보려 해도 들어가지지 않는다. 왜 그럴까? 시간이 없어 수영을 배우지 못해 구명조끼를 입었던 것이다. 그러니 바다에 둥둥 떠 있을 수밖에. 취업을 위한 각종 자격증 등 스펙은 준비되었다. 그런데 정작 가장 기본이 되는 것을 갖추지 못했다. 원하는 곳까지 들어갈 수 있는 수영 실력이 있는가를 증명할 수 없는 것이다. 각종 스노클링 장비는 바닷속에 들어가서 멋진 스노클링을 할 수 있도록 몸에 착용하였다. 그렇듯 각종 스펙은 그대들이 지원한 회사에 들어가기 위해 모두 갖추었다. 자격요건에 충족하기 위해. 그런데 그 스펙 자체만으로는 입사까지 허용되지 않는다. 스펙은 하나의 도구에 불과하기 때문이다. 그럼 어떻게 해야 하겠는가? Basic이 필요하다. 그것이 바닷속으로 들어갈 수 있는 능력이다.

Basic인 수영도 배우지 않고 발리로 스노클링 하러 가지 마라. Basic도 안 갖추고 취업될 거라고 생각하지 마라.

바닷속 체험을 위한 스노클링 지원 자격은 '수영을 할 수 있는가?'이다. 수영을 못하는 사람은 바로 필터링 해서 구명조끼를 입는 신세가 되는 것이다. 수영은 기술이고 능력이다. Basic도 마찬가지인 것이다. 수영도 못하면서 자신 있다고 하고 구명조끼 없이 뛰어들었다가는 바로 들통난다. 예를 들어 원하는 직장에 어떻게 우여곡절 끝에 인턴으로 들어갔다고 하자. 그다음이 문제다. 왜? 면접에서, 자기소개서에서 그대가 한 말처럼 행할 수 있어야 한다. 말과 행동이 다르다는 것이 바로 들통이 나버린 순간 인턴 후 최종 입사 결정에서는 떨어지고 말 것이다. 인턴과정에서 보여주어야 하는 것은 오직 Basic이다. 함께 일할 수 있는 사람으로 적합한지는 그 사람의 Basic으로 판단하게 된다. '이 사람은 어떤 사람이다'라고 정의할 수 있을 때 그 기준이 채용 여부를 결정하게 된다.

채용시장의 변화, 그 변화의 물결 속에서 살아남으려면 Basic을 갖추는 것이 필수다. 절대 눈 가리고 아웅식의 취업은 생각할 수 없는 채용시스템으로 변해가고 있다. 아무리 현란한 말로 1차 관문을 통과했더라도 실전에서 바로 실력이 들통나버린다. 수영도 할 줄 모르면서 할 수 있다고 우겨서 스노클링을 위해 바다로 뛰어드는 그대들이 없길 바란다. 채용될 수 있는 실력, 인턴생활에서 몸에 밴 Basic의 향기가 퍼져야 한다. 이제 취업하려면 Basic은 선택이 아니라 필수과목이다. 평소 삶 속에서 Basic을 체득화해야 한다. 그것도 미치도록!

7

제자를 위한 교수의 쓴소리는 Basic이었다

"독해져라, 지금은 그래야만 하는 시기다."
"앞이 보이지 않을 때일수록 기본에 집중하라."

일본의 이토 모토시게 교수가 그의 저서 『도쿄대 교수가 제자들에게 주는 쓴소리』에서 내뱉는 소리다. '잃어버린 20년'이라고 하는 일본의 장기 불황 속에서도 제자들을 일본을 넘어 세계 최고의 인재로 키워내기 위해 쏟아부었던 교수의 쓴소리가 나의 마음에 큰 울림으로 다가왔다.

일본의 잃어버린 20년은 어떻게 왔는가? 일본은 1992년 3만 달러 시대를 열었다. 그 3년 뒤인 1995년에 잃어버린 20년이 시작되었다. 3만 달러 시대와 함께 일본을 강타한 것이 '일본 제일주의' 생각이었다. 내수시장에만 주력한 결과는 시장의 글로벌화를 멀리하게 되었다. 그 결과는 끔찍했다. 세계시장에서 고립되는 갈라파고스 늪에 빠지게 되었다. 그 늪에서 빠져나오는 데 20년이 걸린 것이다. 일본 중소기업백서 기업통계조사에 의하면 연평균 폐업 기업 수는 어마어마하였다. 1991~1996년에는 17만 1,559개, 1996~1999년 28만 8,147개로 증가, 1999~2001년엔 33만 개까지 이르렀다는 통계 수치다. 이 원인을 국내 전문가들은 내수시장에만 집중한 탓으로 "당시 일본 기업들이 글로벌화에 성공했다면 결과는 달랐을 것"이라고 지적했다. 이렇게 경제가 어려워지다 보니 유행하는 말들이 있었다. 1992년 '다운사이징', 1994년 '가격파괴', 2007년 '무제한 음식'이었다. 1994년 방영된 TV 드라마 <집 없는 아이>에서 시대를 반영하는 히트했던 말도 있었다고 한다. "동정하려면 돈을 달란 말이야." 어려운 경제 현실에서 오직 생존과의 싸움을 하고 있음을 느끼게 하는 말이다.

취업문이 좁아진 지금이야말로 '생존'을 해야 할 때다. 일단 살아남아야 후일을 기약하는 것이다. 어떤 식으로든 직무 경험이 필요하다. 그래서 어떻게 해서든지 취업을 해야 한다. 일본의 잃어버린 20년 기간에 제대로 일을 해보지 않은 사람들은 중년에도 일할 기회를 얻지 못하는 어려움을 겪고 있는 현실에서 반면교사를 삼아야 한다. 경력직에도 지원하지 못하는 이유는 20대와 30대의 직무 경험이 없다는 것이 문제였다. 지금 우리나라의 경제는 어려운 시기임에는 틀림없다. 세대 간 과도기도 겹쳐 있다. Y세대의 중간관리자와 Z세대의 신입사원. 아무튼 복잡한 경제의 흐름 속에서 살아남아야 할 그대들이다. 이런 상황에서 채용자와 지원자 간의 미스매칭이 심각한 것은 모두에게 손해인 것은 분명하다.

그럼 이 현실을 어떻게 준비해야 하는가? 도쿄대 이토 모토시게 교수는 그의 저서에서 이렇게 말하고 있다. "강점을 더욱 강화시키고, 장점을 더욱 돋보이게 만들어 남들과 다른 나, 가장 나다운 나를 만들어야 한다. 흔히 '초심으로 돌아가자', '기본에 집중하라'는 말을 많이 한다. 나는 이 말이 곧 '가장 잘하는 일을 하라'와 같다고 생각한다."

그대들은 '남들과 다른 나, 가장 나다운 나'를 만들기 위해 어떤 노력을 하고 있는가? 어떤 Basic에 집중하고 있는가? 어떤 것이든지 미련이 남지 않게 끝까지 해보는 것이 필요하다. 그 과정을 통해 얻어지는 게 있기 때문이다. 그 얻어진 무언가가 경험적 요소이고 문제해결력이다. 그리고 그렇게 얻어진 문제해결력은 '가장 나다운 나'를 만들어준다. 그러니 지금 하고 있는 공부를 무시하지 말라. 시험만 잘 보겠다고, 졸업만 하겠다고 하지 마라. 과정을 어떻게 보냈느냐가 그대들의 성장을 가늠한다. 그러니 제대로 선택했다면 그대들의 전공, 부전공 공부에 미쳐야 한다. 잘못 선택했다면 과감한 다른 선택도 필요할 것이다. 그리고 도서관에서 지식과 간접경험을 확장시키는 데 미쳐야 한다.

애플의 스티브 잡스도 위기에 빠진 애플을 구하기 위해서는 가장 잘하는 일에 집중하는 것뿐이라고 했다고 한다. 그리고 수없이 자기의 뇌에 새긴 말이 있었다. "잘하는 일에 초점을 맞추는 것은 불필요한 일들을 거부할 줄 아는 것을 의미한다." 그렇다. Basic에 초점을 맞춘 생활을 하려면 불필요한 일 빼기(-)를 잘해야 한다. 그런데 요즘 그대들은 너무 불필요한 일들을 많이 하면서 시간이 없다고 한다. Basic을 쌓을 시간이 없는데도 말이다. 한 번은 리더를 양성하는 곳에서 리더가 되고자 희망한 대학생들을 대상으로 교육시켜 가는 과정 중에 있었던 일이다. 체력검정을 하는 날이었다. 물론 그 결과가 어떤 당락을 결정하는 것은 아니었다. 단지 중간과정에서의 개인평가를 하는 날이었다. 대부분이 잘하지만 어떤 이는 컨디션이 안 좋아 "다음에 평가를 받으면 안 되나요?" 한다. 또 어떤 이는 결과가 왜 이렇게 안 좋은가 물으니 컨디션 조절에 실패했다고 한다. 컨디션이 왜 안 좋은가? 하루 전에 불필요하고 오늘보다 덜 중요한 일에 정신적, 육체적 시간을 다 빼앗겼기 때문이다. 리더가 되고자 하는 기본자세, 즉 Basic이 부족한 것이다. 성실하지 못한 것이고, 열정이 부족한 것이며, 책임감이 없고, 생활의 기본 매너가 부족함을 보여준 것이다. 이런 자세로 어떻게 경쟁의 시대에서 살아남는다는 것인가? 이날이 지원 회사의 면접 보는 날이었다면 '광탈락'이다. 현실이 이렇다 보니 Basic만 갖춰도 타인의 눈에 띄는 시대가 되었다.

20대, 그대들이여! 가장 '나다운 나'를 만들어가기 위해 어떻게 할 것인가에 고민해야 할 때이다. 그리고 만들어서 세상으로 나아가야 한다. 불안하더라도, 자신감이 없더라도 가야 한다. 기본이 갖춰졌다면 말이다. 정답은 없다. 부딪히면서 정답을 찾아야 한다. 기본만 있으면 부딪힐 수 있다. 비록 실패하더라도 다시 일어설 수 있다. 그리고 그 실패가 Basic을 만들어낸다.

마지막으로 이토 모토시게 교수의 말을 다시 되짚어 본다.

"우리는 모두 '나다운 사람'이 되고 싶은 존재이며, 나다울 때 가장 훌륭한 성과를 창출할 수 있다. 그러니 앞이 보이지 않을 때일수록 기본에 집중하라."

지금 Basic에 미쳐야 하는 이유

1

언제까지 위로만 받고 있을래?

"더 열심히 할 걸…. 내 자신이 창피하고 한심해서 눈물만 났다. 하반기가 이렇게 끝나버렸다는 게 너무 속상했다."

- 『취준생 일기』 중에서

『취준생 일기』에 나오는 글이다. 취준생들에게 먼저는 힘을 내라고 위로의 말을 하고 싶다. 올해가 끝은 아니니까. 내년이 또 있으니까. 내년에는 후회하지 않는 삶이 될 것이니까. 그렇게 되도록 지금 당장부터 더 열심히 하면 되니까.

내가 어려서 부르고 들었던 동요 중에 이태백이 있었다. "달아 달아 밝은 달아, 이태백이 놀던 달아." 추석 보름달을 보면 자연스레 나오는 흥겨운 노래다. 그런데 요즘의 이태백(20대는 태반이 백수)에게는 흥겹게 들리지 않을 것이다. "놀고 싶어서 노는가요? 일자리가 없어서 노는데." 이런 이태백들을 위해 수많은 위로의 책들이 쏟아졌다. 그들의 마음을 공감하고 격려하는 책들이다. 김난도 교수의 『아프니까 청춘이다』, 야쓰오카 료겐의 『잠깐 흔들려도 괜찮아』, 혜민 스님의 『멈추면, 비로소 보이는 것들』 이 외에도 너무나 많은 책들이 있다.

한번은 20대의 청춘을 만나 이야기할 시간이 있었다. 대학교 내에 위치한 커피숍에 앉아 이런저런 이야기를 하던 중 진로 이야기가 나왔다. 목표, 꿈… 그 청춘에게는 안개 속의 보물 같은 것이었다. 나에게 충격으로 다가온 그 청춘의 한마디, "아직 무엇을 어떻게 해야 할지 모르겠어요." 안타까운 모습에 먼저는 위로의 말, 격려의 말을 해주었다. 그런 다음 나의 생각을 이야기했다.

"무엇을 해야 할지, 어떻게 해야 할지, 지금 무엇을 잘하고 못하는지 모르지? 그것은 인생의 출발점을 아직 찾지 못했다는 거야. 그러니 출발할 수가 없지. 그런데 다행인 것은 한 발 한 발 내딛다 보면 느낌이 와. 음… 이런 방법은 어떨까? 사람은 생각으로 살아간다고 해. 그리고 무언가 행할 때 다음 단계를 알 수 있다고 하거든. 다시 말해 행하지 않고는 무엇을 해야 할지 모르는 방황의 상태로 있다는 거야. 이렇게 한번 해봐. 한 가지 계획을 해서 끝까지 해보는 거야. 예를 들어 우리나라 100대 명산을 정복해봐. 그리고 한 산을 오를 때마다 한 사람과 대화해봐. 20대의 청춘에게 해주고 싶은 말 한 가지씩만 듣고 적어봐. 사람들이 해준 말이 에너지가 되어 너에게 다가올 거야. 100대 명산을 정복하는 것이 너무 부담스러우면 우리나라 국립공원으로 하면 20개니까 덜 부담스럽겠다. 다른 방법도 괜찮아."

한번은 딸과 함께 속리산 문장대에 올랐다. 우리나라 국립공원을 모두 다녀볼 생각으로 시작한 첫 번째 장소였다. 산을 오르는데 딸이 너무나 힘들어했다. 중간에 몇 번이고 포기하려고 했다. 그 고비마다 오르내리던 사람들의 한마디가 힘이 되었다. 첫 번째 고비에서 어떤 할아버지는 귤 1개를 등산 가방에서 꺼내 주며 힘내라고 하고 지나가셨다. "학생, 힘내요!" 마지막 고비인 돌계단 앞에서 주저앉았을 때는 내려오던 아주머니의 말이 힘이 되었다.

"나도 예전에 여기서 너무 힘들어 포기하고 내려갔어요. 저 돌계단 끝을 보니 도저히 오를 엄두가 나지 않더라고. 그런데 내려가서 바로 후회했어요. 그래서 오늘 마음먹고 다시 왔어요. 지금 여기서 내려가면 후회할걸요. 계단 오를 때 멀리 보지 말고 바로 앞 계단만 쳐다보고 가요. 그럼 올라갈 수 있어요. 힘내요." 자신의 후회되는 등산 얘기를 해주면서 올라갈 수 있는 방법을 알려주었다. 격려의 말과 함께 환한 미소로 응원해주며 하산하는 아주머니의 뒷모습을 한참 동안 지켜보았다. 나무 의자에 앉아 오른발을 움직이며 '내려갈까?' 왼발을 움직이며 '올라갈까?'를 반복하고 있는 딸에게, 그리고 딸의 안쓰러운 모습을 지켜보고 있는 나에게 그 아주머니의 말은 힘이 되어 돌아왔다. 그 말에 힘을 얻어서인지 딸은 비장한 각오로 말했다. "올라가요, 아빠. 여기까지 왔는데 내려가면 아까울 것 같아요."

아빠와 딸은 손을 잡고 그 아주머니가 알려준 방법을 되새기며 한 계단 한 계단 올라갔다. 결국 돌계단의 끝을 밟았고 문장대를 정복하였다. 처음 가는 길은 낯설고 힘들다. 그러나 그 길을 가본 사람은 그 길이 해볼 만하다는 것을 안다. 그리고 왜 힘들다고 생각하는지, 어떻게 하면 가던 길을 포기하지 않고 갈 수 있는지를 알고 있다. 여기서 그 아주머니의 말을 기성세대의 한 아주머니가 하는 말 정도로 듣고 흘려보냈다면 어땠을까? 오른발의 지시에 따라 정상을 앞에 두고 미련을 남긴 채 내려가고 말았을 것이다. 그리고 후회와 아쉬움을 남겼을 것이다. 아니면 대단한 결심을 하고 왼발의 지시에 따라 돌계단을 올라갔다면 덜 힘든 방법을 모른 채 힘들고 지겹고, 중간에 포기하고 싶은 마음 등 온갖 마음의 파도와 싸우며 올라갔을 것이다. 문장대에 오르기 마지막 돌계단에서 고민하는 딸처럼 취업 도전에 고민하고 방황하며 위로만 받고 있는 20대 청년들이여! 무엇을 해야 할지 모른 채, 아니 그냥 현실을 즐기고 있는 채 20대를 보내는 그대들에게는 위로도 사치인지 모르겠다. 이 글은 위로받기를 거부하고, 아니 이제 위로를 많이 받았으니 앞으로 달리고 싶은 청년들에게 주는 격려와 응원의 메시지이다.

언제까지 위로만 받고 있을래? 이제 그만 위로를 거부하라. 위로 받고 싶거든 또 다른 도전을 하라. 도전 후에 실패했다면 그때 잠깐 위로를 받으라. 그런 청년들이 위로받을 자격이 있다. 그것도 오랫동안은 안 된다. 위로는 잠깐이면 된다. 왜냐고 묻는다면 나는 다시 되묻고 싶다.

"위로의 끝이 무엇인지 알아?"
잉여인간.
위로만 받다가는 취업의 잉여인간, 취포자로 남는다.

2

스펙 광풍에 Basic이 무너졌다

『88만원 세대』의 저자 우석훈 교수의 말이다. "스펙 경쟁을 하면서 협업을 잃어버렸다. 회사에서 주위와 소통하고 자신과 다른 의견을 조정할 수 있는가가 중요한데 스펙 경쟁으로는 이런 협업 능력이 생기지 않는다." 이 말을 증명이라도 하듯이 동아비즈니스 리뷰 294호에 흥미로운 글이 실렸다. '90년대생<Z세대>과의 협업에 실패하는 까닭'에 대한 이경민 마인드루트 대표의 글이었다.

"나 혼자 공부하면 시간을 아낄 수 있는데 내가 왜 다른 사람들을 위해 내용을 정리해야 합니까?" 20대 팀원의 예상치 못한 말에 40대 팀장이 할 말을 잃었다. 이 조직은 최근 입사한 20대 직원들을 대상으로 영어 관련 자격증 공부 모임을 계획하고 있었다. 그 모임에 오랫동안 미국에서 살아 영어가 능숙한 팀원이 있어 다른 팀원들을 위해 기존의 자료를 정리해달라고 팀장이 제안했다. 그 제안에 20대 팀원은 자기 혼자 공부하는 것이 훨씬 효율적인데 자신이 왜 다른 사람들을 위해 내용을 정리해야 하는지 모르겠다며 모임에서 탈퇴했다.

왜 그럴까? 그렇게 행동하는 것은 어찌 보면 당연하다. 그렇게 살아오지 않았기 때문이다. 그렇게 사는 법을 배우지 않았고, 그렇게 살면 바보요, 경쟁에서 이기기 위해 그럴 시간이 없었던 것이다. 그런데 회사에서는 혼자보다는 '함께'를 원한다. 그러니 어려울 수밖에 없다. 높은 취업의 문턱에서 미끄러지는 이유 중 하나다. 스펙 경쟁하느라 Basic을 신경 쓰지 못했다.

영화 <포레스트 검프>의 한 장면이 떠오른다. 사람들은 포레스트 검프에게 물었다. "왜 뛰세요, 포레스트 검프 씨?" 그러면서 갖가지 추측성 답을 내놓는다. 동물권 존중을 위해서, 여권 신장을 위해서 등등. 그러나 주인공의 대답은 의외였다. "그냥 뛰고 싶어서요." 그냥 뛰고 있는 주인공의 뒤에는 큰 기대를 가지고 수많은 사람들이 뛰어오고 있다. 왜 뛰는지도 모르면서 말이다. 마치 지금의 취준생들의 삶과 유사하다. 취업을 하려면 스펙이 좋아야 한다고 하니 아무 생각 없이 스펙 쌓기에 정신없다. 이 사람 저 사람 모두가 취업에 성공한 이유를 고스펙 때문인 것 같다고 하니 말이다. 그 말에 동조하듯 스펙 탑 쌓기에 난리가 아니다. 그대들을 채용하려는 회사는 스펙이 필요한 것이 아니다. 그대들의 능력이 필요한 것이다. 그런데 그 능력을 쌓을 시간을 모두 허비해버렸다. 그러니 없는 시간에 포장이라도 잘 해보려고 스펙에 열중하는 것이다. 그렇다 보니 면접관 앞에서 말로 들이대고 만다. "나는 인내심이 많습니다. 나는 책임감이 강합니다. 나는 팀워크가 좋습니다. 나는 성실합니다. 나는 도전정신이 강합니다." 이런 단어는 쓰레기에 불과하다. 버려지는 쓰레기란 말이다. 채용담당자들에게 쓰레기와 같은 단어는 필요하지 않다는 것을 알아야 한다. 그대들만의 진짜 모습을 보고 싶어 한다. 경험을 통해 얻은 값진 것들이 회사에 필요한 것인지를 듣고 싶어 한다. 그대들의 경험 속에서 채용담당자들이 원하는 인재상, 즉 Basic을 찾고자 하는 것이다. 그런데 그런 내용은 없고 포장지 사는 데만 시간과 노력을 투자했으니 안타까운 것이다. 면접관 앞에서 진짜 해야 할 말을 할 수 없는 것이다. 진정성이 담긴 할 말이 없으니 면접관이 들을 말이 있겠는가? 그대들이 기업에서 필요한 인재임을 말로 증명해야 하는 순간인데 할 말이 없는 것이다. 경험하지 않았으니까. 경험했어도 엉뚱한 경험을 했으니까. 생각 없이 경험만 했으니까. 목적을 잊어버리면 방향을 상실하게 된다. 방향을 상실하면 엉뚱한 곳에 도착해 있다. 목표에 도착해서 '이 산이 아닌가 봐' 한다. 자신에게 질문을 던져보고 답을 해보라. '기업의 인재상을 갖추었는가? 지원한 부서에 적합한 인재인가?' 이것의 기준을 스펙에 두다 보니 Basic에 신경을 쓰지 못한 것이다.

누군가 앞에 뛰어가고 있다. 뒤따라 누군가 뛰어간다. 아무도 맨 앞의 사람이 왜 뛰는지 물어보지 않은 채 왠지 같이 뛰어야 될 것 같아 뛰는 데 합류한다. 영화 <포레스트 검프>의 한 장면이다. 이것이 현재 취업준비를 하는 많은 청년들의 모습이다. 영화 주인공은 '그냥 뛰고 싶어서' 3년 넘게 뛰었다. 그에게 던져진 질문 한 가지, "Why are you doing this?" 영화의 한 장면을 찍고 있는 그대들에게 묻고 싶다. "왜 그대들은 스펙 쌓기에 미쳐 있는가?" '불안해서' 스펙 경쟁에 뛰어들었다고 말하고 싶은가? 그 결과는 어떤가? "스펙 쌓느라 Basic을 잊어버리지 않았는가?" 스스로 답해보라. 이제는 느낄 수 있어야 한다. 볼 수 있어야 한다. 스펙 광풍에 무너져버린 Basic을, 다시 일으켜 세워야 하는 것이 그대들이 할 일이다. 지금 당장!

3

가던 길을 멈추고 나침반을 봐야 할 때

　방향 없이 날뛰는 망아지 신세가 되지 마라.

　"아프리카에 사는 스프링 벅이라는 양 이야기 아니? 이 양들은 평소에는 작은 무리를 지어 평화롭게 풀을 뜯다가 점점 큰 무리를 이루게 되면 아주 이상한 습성이 나온다고 해. 무리가 커지면 맨 마지막에 따라가는 양들은 뜯어 먹을 풀이 거의 없게 되지. 그러면 어떻게 하겠어? 좀 더 앞으로 나아가서, 다른 양들이 풀을 다 뜯기 전에 자기도 풀을 먹으려고 하겠지. 그 와중에 또 제일 뒤에 처진 양들은 역시 먹을 풀이 없게 되니, 앞의 양들보다 조금 더 앞으로 나서려고 할 테고. 이렇게 뒤의 양들은 앞으로 나아가려 하고, 앞의 양들은 또 뒤처지지 않으려고 더 앞으로 나아가게 돼. 그렇게 되면 맨 앞에 섰던 양들을 포함해서 모든 양들이 서로 뒤처지지 않기 위해 마구 뛰는 거야. 결국 풀을 뜯어 먹으려던 것도 잊어버리고 오로지 다른 양들보다 앞서겠다는 생각으로 뛰게 되지. 그러다 보니 그 속도가 점점 빨라지는 거야. 자, 정신없이 달리는 양 떼를 한번 상상해봐. 한

번 뛰기 시작한 수천 마리의 양 떼는 성난 파도와 같이 산과 들을 넘어 계속 뛰기만 하는 거야. 계속 뛰어, 계속. 여기가 어딘지도 몰라. 풀 같은 건 생각지도 않아. 그냥 뛰어야 해. 뛰어, 뛰어, 정신없이 뛰어. 그러다가 마지막으로 해안 절벽에 다다르면… 앗, 절벽! 하지만 못 서지, 수천 마리의 양 떼는 굉장한 속도로 달려왔기 때문에 앞에 바다가 나타났다고 해서 곧바로 멈출 수가 없는 거야. 가속도, 알지? 설 수가 없어. 어쩔 수 없이 모두 바다에 뛰어들게 되지. 그렇게 해서 한 번에 수천 마리의 양이 익사하는 사태도 발생한다니 정말 어처구니없는 일 아니니?"

-배유안 저자의 『스프링벅』 중에서

그대들도 스프링벅처럼 뛰고 있지는 않은가? 취업의 목적을 잊어버리고 취준생들의 그룹에 속해서 정신없이 뛰고 있는 그대들이 보이는가? 자격증을 따기 위해, 아르바이트를 하기 위해, 봉사활동을 하기 위해, 영어 점수를 높이기 위해, 어학연수를 위해 분주하다. 갈 길은 멀고 바쁘지만 그대들이 하고 있는 것들이 잘하고 있는지 물어봐야 할 때다. 가던 길을 멈추자. 그리고 잠시 마음의 나침반을 꺼내 들고 가야 할 방향을 확인해보자. 맞게 가고 있는지. 그대들에게 주어진 마음의 나침반은 "기업은 무엇을 가장 중요하게 볼까?"이다. 그대들이 가야 할 기업을 보라. 무엇을 원하고 있는지? 그리고 그대들이 어디로 가고 있는지 확인해보라. 기업이 원하는 것과 그대들이 가고 있는 방향이 일치하는가? 기업이 원하는 인재상과 그대들이 준비한 인재상의 일치화가 어느 정도인가를 점검해야 한다는 것이다. 군인들이나 등산가들은 목적지를 찾아가기 위해 '지도정치(地圖正置:

지도와 실제 지형의 남북 방향을 일치시키는 것)'를 한다. 이처럼 취업을 준비하는 그대들은 '취업정치(就業正置: 취업준비의 방향을 정확하게 채용방향과 일치시키는 것)'를 해야 한다. 특히, 요즘은 시대가 하루가 멀게 변하고 있다. 4차 산업혁명이라는 이름으로 무인화시스템, AI 등 변화의 물결이 거세다. 이런 세상에서 살아남기 위해 기업들은 변화를 도모한다. 그리고 경쟁에 뒤지지 않기 위해 조직을 정비한다. 구조조정의 바람이 거세게 분다. 경제 전쟁터에서 살아남기 위해 필사적이다. 그런 전쟁터에 아무나 뽑겠는가? 훈련되고 준비된 자가 필요하다. 그들을 찾고 있는 것이다. 곧바로 경제 전쟁터로 투입이 가능한 인재, 전쟁터에서 살아남을 수 있는 인재를 선발하려고 하는 것이다. 시간과 비용을 절약해야 되니까. 왜? 기업은 이윤 추구를 목표로 하는 조직이기 때문이다. 그들에게 시간은 돈이다. 그리고 그들은 현재 경제 전쟁 중이다. 치열하게 싸우고 있는 것이다. 그래서 실탄과 수류탄을 주면 사격을 할 줄 알아야 한다. 자기 자신을 방어(개인 능력)할 줄 알아야 하고 옆 사람을 지켜(협업)줄 줄도 알아야 한다. 하나의 목표가 주어지면 계획에 따라 일제히 움직일 줄 알아야 한다. 정신력이 약해서, 체력이 부족해서, 총을 쏠 줄 몰라서, 복장을 갖추지 못해서 앞으로 함께 나가지 못한다면 그 계획은 실패하거나 많은 차질이 생길 것이 뻔하다. 그리고 그 사람은 다음 작전에 투입되지 못할 것이다. 취업의 현장이 그렇다. 냉혹하다. 취업준비의 현장으로 대표되는 곳이 노량진이다. 어떤 사람은 '노량진에 진입한다'는 표현을 사용하기도 한다. 대학 졸업 후 노량진 진입이 당연시되어 버렸다. 마치 군대의 신병훈련소 입소하듯 한다. '취업정치'를 해보지도 않고 많은 사람들이 걸어가서 길이 나버린 익숙한 것처럼 느껴지는 길을 따라서 걸어간다. 그 길이 자기가 가고자 하는 목표가 맞는지 점검도 하지 않은 채 노량진 길을 걸어가고 있다. 길을 갈 때는 반드시 걷기 전에 해야 할 일이 있다. 그것은 먼저 자기 위치를 알아야 하는 것이다. '내가 어디에 서 있는가?'를 점검해야 한다. 그런 다음에 '내가 갈 곳이 어디에 있는가?'를 확인해야 한다. 그리고 '내게 주어진 시간은?' '걸어갈 것인가, 차량으로 갈 것인가? 기차로 갈 것인가, 비행기로 갈 것인가, 배로 갈 것인가?'를 결정해야 한다. 이때 자기의 능력을 고려해야 한다. 돈도 없는데 비행기를 탈 수는 없지 않은가? 아르바이트라도 해서 비행기를 타려고 한다면 시간은 충분한 것인지 따져봐야 한다. 취업준비는 '속도보다 방향이 먼저다.' 만약 내비게이션을 보고 가려고 한다면 업데이트를 시켜야 한다. 지형이 너무나 빨리 변하고 있어서다. 새로운 데이터로 업데이트를 시키지 않으면 제대로 안내를 받을 수 없다. 옛날 길로 안내를 받아 가도 되지만 시간이 많이 걸린다. 그사이에 다른 사람들이 먼저 목표에 도달해버릴 가능성 또한 크다.

스프링벅처럼 뛰고 있는 그대들이여! 그렇게 계속 뛰다가 낭떠러지로 떨어지기 전에 잠깐만 멈춰라. 그리고 마음의 나침반을 꺼내 취업 정치를 해라. '취업의 목적은?' '어디쯤 서 있는가?' '도착해야 될 목표는?' 그대의 현재 위치와 목표를 취업의 목적으로 연결해보라. 제대로 연결되었으면 그 목적 선을 따라 출발해라. 나침반과 지도 사용법을 정확히 모르면서 잘 가고 있다고 착각하지 마라. 도저히 그대들이 어디쯤 서 있는지 모르겠다면 주변에 도움을 줄 사람을 찾아 물어보길 바란다. '물어 독도법'이 때론 도움이 된다. 시간 낭비하지 말고.

4

20대 아들을 위한 아버지의 조언, Basic

초등학교 때의 일이다. 아침에 교장 선생님 주관으로 조회를 하던 날이었다. 어느 날 무슨 일 때문인지는 기억이 나지 않지만 나는 조회에 참석을 못 했다. 조회 시간에 늦어 화장실 옆 쓰레기 소각장 주변에서 조회가 끝나길 기다리고 있었다. 그러다가 어느 남자 선생님께 들켜서 조회에 불참했다고 매로 엉덩이를 맞았던 기억이 지금까지도 생생하다. 창피하고 다른 선생님들과 친구들 보기에 부끄러웠다. 그 후로 한없이 작아진 내면의 마음이 순간순간마다 나의 성장을 방해하곤 하였다. 그 내재된 마음을 '수치심'이라고들 한다. 조회를 참석하지 않아서 매를 맞았던 그 순간의 기억으로 나는 정해진 틀 안에서 사는 것이 편했다. 매 맞을 일을 하지 않기 위해 몸부림쳤다. 그래서 어린 시절을 돌이켜보면 '보름달', '순둥이', '내성적', '범생이' 이런 말들이 나를 대신했다. 그런 내가 장교가 되겠다고 육사에 입학했다. 오직 나 자신과의 약속이었으며, 5남매 중 장남으로서의 위치를 생각하며 힘들었던 4년간의 생도 시절을 이겨냈다. 여기에 더할 수 없는 사랑으로 힘이 되어주신 부모님이 계셨다. 시골에서 허리가 구부러지도록 농사를 지으시다 그만두고 도시에서 식당일을 하시면서 가족들의 생계를 위해 고생하신 어머니, 농사일도 제대로 하지 못하시던 분이 도시로 올라와 험한 아파트 공사판에서 힘겹게 버티신 아버지였다. 그렇게 힘들게 일하시면서 아들의 미래를 위해 보내주신 편지는 나의 성장에 자양분이 되었다. 힘든 과정을 잘 이겨낼 수 있을지 노심초사하시며 지내셨을 부모님의 마음을 편지를 보면서 30년이 지난 지금에 다시 되새겨보게 되었다. 지금은 이 세상에 계시지 않는 아버지이시지만 보내주신 편지에 담긴 마음으로 지금도 내 옆에 계심을 느낀다. 새로운 세상으로 나가기 위해 준비하는 20대 청춘의 나에게 하신 말씀은 오직 Basic에 관한 것이었다. 힘들어도 참는 것, 동료끼리 잘 지낼 것, 선배 말 잘 듣고 배울 것. 부모님 편지의 일부 내용이다.

"오늘의 고통과 고된 생활은 앞으로 인생 항로에 큰 보탬이 되리라 생각한다. 앞으로 삶의 생존경쟁에서 이겨나가려면 나태와 안일 속에서 생활한 자는 이 세상 파고를 뛰어넘지 못한다고 생각한다.
(중략) 동료 간에 우애는 돈독히 하면서 선배는 항상 존경심으로 대하며 아랫사람에게는 자애를 베풀 줄 아는 사람이 되어 주기 바란다."

1988. 8. 10. 아버지로부터

"인간은 어느 누구나가 고생하지 않은 사람은 하나도 없을 것이다. 내가 이겨내야겠다는 집념이 있으면 결코 해내고야 마는 것이다."

1987. 9. 2. 엄마가

그래서 남들보다 한 발 더 뛰었고, 가르쳐준 것을 열심히 배우려 했다. 내가 힘을 쏟을 곳은 나 자신을 관리하고, 나와 연관된 상하좌우의 인간관계를 잘하는 것이었다. 어느 한 조직에 들어가기 위해서는 그 조직에서 필요로 하는 기본을 갖추어야 한다. 그것이 조직에 들어가고자 하는 사람의 자세이다. 필요한 체력과 정신, 기본적인 관련 지식 등을 갖추어야 최종 원하는 곳에 들어가 조직원이 되어 지낼 수 있는 것이다. 아버지가 말씀해준 Basic을 학교의 인재상인 '지(智), 인(仁), 용(勇)'과 연결했다. 그 속에서 내가 할 일이 보였다. 살아남는 법을 깨달았다. 입학 당시 뒤에서 찾는 것이 빠른 성적이었기에 더욱 집중해야 했다. 물론 졸업도 좋은 성적은 아니었지만. 나에게 목표는 살아남는 것이었다. 나와 같이 입교한 고등학교 동창은 중간에 포기하고 나갔다. 나보다 덩치도 크고 성적도 좋고 모든 면에서 나았고, 함께 있어 힘이 되었던 친구였다. 그런 동창이 중도에 포기하고 나가니 걱정도 되었다. 그래서 더욱 버티기로 이를 악물었던 것 같다. 결국 내가 소속하고자 하는 조직의 인재상에 나를 맞춰나가는 노력의 결실이 지금의 나를 만든 것이다.

그대들이 간절히 입사하고 싶은 회사는 어떤 인재를 원하는가? 그것을 알아야 한다. 그대들이 지원하고자 하는 직무의 인재들은 어떤 능력을 필요로 하는가? 그것을 그대들의 강점과 연결해야 한다. 그 활동을 적어도 대학 4년 동안 지속해야 한다. 대학 진학을 하지 않은 청춘들도 몇 년을 지속해야 한다. 수능 보느라 고생했으니 놀고 싶다고? 놀다가 때 놓친 인생 선배들이 얼마나 많은가? 어느 신문지상에 기사화된 취준생 가족들의 마음에서 취준생의 실상을 엿볼 수 있었다. "아무리 가족들이 어르고 달래봐도 일자리를 알아볼 생각을 하지 않는다. 이대로 늙어 죽을 때까지 백수로 지낼까 걱정"이라고 말한다. 이런 니트족의 상태에 들어가지 않도록 해야 한다. 그래서 필요한 것이 그대들 안에 숨어 있는 Basic을 끄집어내야 하는 것이다. 당장 집 밖으로, 책상 밖으로 나가야 한다. Basic은 집 안에서, 책상에 앉아서 꺼낼 수 있는 것이 아니다. 환경 속에서, 사람들을 만나면서 나타나고 훈련되는 것이다. 좋은 환경, 나쁜 환경, 좋은 사람, 나쁜 사람, 힘든 일, 쉬운 일, 복잡한 일, 단순한 일 등을 겪으면서 그대들의 내재된 Basic을 찾아야 한다. 그리고 깨달아야 한다. 그 깨달음이 성장을 가져오고 그 성장된 모습으로 그대들이 지원한 회사와 직무에 기여하는 것이다. 이 모든 과정의 출발점이 Basic이고, 결승점에 도착할 수 있게 해주는 힘도 Basic이다.

아버지가 그랬듯이 나도 내가 가장 사랑하는 아들들에게 Basic을 사용하라고 이야기한다. 청년들은 많은 것을 가졌는데 그 가진 것을 꺼내 보이려 하지 않는다. 가진 것을 꺼낼 수 있는 열쇠는 자기 안의 Basic뿐이다. 그런데 그 Basic도 죽어간다는 것을 알아야 한다. 청춘 때 사용하지 않으면 죽어간다는 것을. 청춘의 이름을 가진 그대들이여! 그대들에게 불어닥치는 취업 빙하기에 두려워 말고 그대들이 원하는 곳의 인재상이 되기 위해서 한눈팔지 말고 달려가라. 빙하기에 멈춰 있으면 얼어 죽는다. Basic을 불살라라. 빙하기의 추위를 이겨낼 수 있게. 외롭고 힘든 싸움의 결과가 인사담당자들의 마음을 움직일 것이다. 그리고 결국 '아름다운 정상'은 그대의 차지가 될 것이다.

5

취업 빙하기에서 살아남기

"크로마뇽인처럼 살아남자."

취업현장에서 들리는 소리는 만만치 않다. <조선일보>에 게재된
기사의 헤드라인이 눈에 들어왔다. "입사 5년 대리인데… 언제까지
팀 막내인가요." 이 말을 뒤집어보면 신입사원이 들어오지 않는다는
것이다. 회사가 채용을 하지 않으니 '만년 막내'로 생활하는 것이다.
취업준비생 입장에서도 답답할 노릇일 것이다. 채용문이 좁아질 대로
좁아져버려서 재수와 삼수는 기본으로 '만년 취업준비'에 돌입할 태
세이다. 경기불황, 주 52시간 근무제, 최저임금 상승 등으로 기업들
은 신규채용이 어려워졌다는 입장이다. 이런 현상이 얼마나 지속될
까? 많은 경제전문가들의 예측을 종합해보면 10년 정도는 지속될 것
으로 보인다. 취업 빙하기 10년! 취업준비생들에게는 생존을 위한 대
책이 절실하다.

고고인류학자인 브라이언 페이건은 그의 저서 『크로마뇽』에서 '빙하기에서 살아남은 현생인류로부터 우리는 무엇을 배울 수 있는가?'에 대한 방향을 제시하고 있다. 최소 1만 5,000년 동안 크로마뇽인과 네안데르탈인의 생존경쟁이 있었다. 그 결과 크로마뇽인이 승리하였고, 빙하기에서 살아남은 현생인류가 되었다. 그럼 크로마뇽인이 생존할 수 있었던 이유는 무엇일까? 페이건은 독특한 '적응력'과 '창조력' 등의 특성이었다고 주장한다. 그 예로 크로마뇽인의 발명품 중 귀가 달린 바늘을 들었다. 바늘의 발명은 여러 겹을 덧댄 옷을 만들 수 있게 해주었고, 이로 인해 혹독한 빙하 시대를 견딜 수 있었다는 주장이다. 그리고 인지능력과 협동하는 능력, 생각하는 능력을 장점으로 들었다. 반면에 네안데르탈인은 덩치는 크로마뇽인보다 컸지만 사냥 영역이 좁았고, 일상의 변화가 거의 없었다고 하였다. 1만 5,000년 전에 끝난 빙하기에서 살아남을 수 있었던 크로마뇽인의 상상력과 응용력, 사냥과 채집, 이주 때의 협동력과 문제해결력에서 취업 빙하기의 답을 찾아보아야 한다. 덩치는 컸지만 빙하기 후 멸종되어 역사에서 사라진 네안데르탈인처럼 되지 않기 위해 노력해야 한다. 네안데르탈인식 취업준비는 우물 안 개구리식이고 취업시장의 변화에 둔감함으로 인해 취업시장에서 사라지고 말 것이다. 답은 크로마뇽인식 취업준비다. 크로마뇽인 살아남기의 핵심이 Basic에 미친 것이었다. 혹독한 추위에 물러서지 않고 그 환경을 이겨내고자 하는 내면의 에너지, Basic을 강하게 작용시킨 것이었다. 그 Basic은 개인의 생존을 가능하게 하는 '내부 에너지'이고, 집단의 생존과 관련 있는 '관계성 에너지'라고 할 수 있다. 따라서 여러 요인에 의해 꽁꽁 얼어 있는 취업시장의 빙하기를 겪고 있는 그대들은

1만 5,000년 전 빙하기에서 살아남은 크로마뇽인의 지혜를 구해야 한다. 네안데르탈인 취준생은 백수로 남을 것이요, 크로마뇽인 취준생은 취업할 것이다.

또한 취업 빙하기 때 살아남기 위한 몸부림을 치지 않으면 간신히 살아남는다 할지라도 제2의 빙하기가 찾아온다. 빙하기 동안에 자신을 취업시장에 내놓을 만한 경험을 축적한 것이 없기 때문이다. 아침에 출근하면 신문을 보게 되는데 먼저 빠르게 어떤 이슈들이 있는지 훑어본다. 하루는 <조선일보>에 니트족의 기사가 실린 것을 보게 되었다. 잠깐 운동을 마치고 들어와서 기사 내용을 자세히 읽어보았다. 우리나라와 일본의 니트족에 대한 내용으로 심각성을 느낄 수 있었다. '노부모에 얹혀사는 40대 니트족 20만 명'이라는 제목의 기사였다. 그 내용은 명문대를 졸업하고 고시에 도전하다 실패한 뒤 36세 이후론 줄곧 집에만 틀어박혀 산다는 42살 A씨의 이야기로 시작되었다. 원래 니트는 '15~34세 취업 인구 가운데 미혼이면서 학교에 다니지도 않고, 가사일도 하지 않는 청년 무직자'를 일컫는 말이었다고 한다. 남재량 한국노동연구원 선임연구위원의 '청년 니트와 중년 니트 연구' 보고서에 2018년 40대 니트는 19만 5,000명에 달했다고 조사됐다. 이 원인을 남 연구위원은 청년 니트 경험과 밀접한 경험이 있는 것으로 보인다고 설명했다. 그 설명을 뒷받침하듯 이 신문 하단에는 일본 니트족 기사가 실렸다. '일본을 보니… 젊은 니트족, 영원한 니트족으로.' 일본의 중년 니트족은 '취업 빙하기 세대'라는 것이다. 일본에서는 이 문제를 해결하기 위해 범정부 기구인 '취직 빙하기 세대 지원 추진실'을 만들었다고 한다. 아베 총리도

"3040 니트족을 공무원으로 채용하는 방안을 검토하라"고 말했다고 하는 기사도 포함되었다. 우리나라도 지금의 취업 빙하기 시대를 잘 대처하지 못하면 일본과 비슷한 전철을 밟을 것이다. 정부의 노력은 언급하지 않겠다. 이 글을 읽는 20대 청년들은 강 건너 불구경하듯 해서는 안 된다. 그대들의 미래가 될 수 있기 때문이다.

2018년을 기준으로 20대 니트는 77만 7,000명, 30대 니트는 30만 5,000명, 40대 니트는 19만 5,000명이다. 그대들이 현실을 적극적으로 극복해나가지 못한다면 니트로 존재할 가능성이 크다는 것을 알아야 한다. 인간은 환경을 지배하기도 하고 적응하기도 하며 살아 존재해왔다. 지금 그대들에게는 빙하기에 살아남은 크로마뇽인과 같은 지혜가 필요하다.

"인간이 생존할 수 있었던 것은 가장 강한 종이어서도, 가장 똑똑한 종이어서도 아니다. 변화에 가장 잘 적응하는 종이었기에 살아남을 수 있었다."

-찰스 다윈

네가 너를 모르는데 난들 너를 알겠느냐?

가수 김국환 씨의 노래 중에 <타타타>라는 곡이 있다. 1992년 한국 노랫말 대상을 차지하기도 한 노래다. 그 가사의 내용이 참 생각을 많이 하게 한다. "네가 나를 모르는데 난들 너를 알겠느냐/ 한 치 앞도 모두 몰라 다 안다면 재미없지/ 바람이 부는 날엔 바람으로/ 비 오면 비에 젖어 사는 거지/ 그런 거지~ 음음음 어 허허~", 나는 이 가사에 중요한 명제를 담아냈다. '네가 너를 모르는데 난들 너를 알겠느냐'라는 구절이다. 많은 사람들이 이 문제에 답하지 못한 채 살아간다. 이 문제에 고민을 해야 할 시기에 우리는 입시준비에 휘말린다. 그러다 보니 답을 찾는 시기를 놓쳐버렸다. 그리고 입시 후에는 지쳐서 답을 찾을 생각조차 못 한다. 결국 답을 요하는 취업의 현장에서 동문서답을 할 뿐이다. 입시과정에서 모르는 문제가 나오면 찍기를 하듯이 말이다. 웬 철학을 이야기하냐고? 나는 철학을 이야기하는 것이 아니다. 취업을 못해, 아니 취업을 했어도 출근하지 않거나 조기 퇴사를 하거나 너무 힘들어 인생의 문제를 논하는 그대들 앞에 근본 문제를 이야기하려 하는 것이다. 자기 자신을 정확히 모른 채 취업준비를 하기에 그 상태에서 취업이 된다 하더라도 부적응, 조기 퇴사를 하는 경우들이 생기는 것이다. 취업을 준비하는 그대들은 이 가사 내용에 답을 할 줄 알아야 한다. <타타타>라는 뜻은 산스크리트어로 '바로 그거야'라는 뜻이다. 그대들을 채용하고자 하는 인사담당자들과 면접관들의 입에서 '바로 그거야'라는 말이 나오게 해야 한다. "바로 그거야. 바로 너야. 우리가 찾고 있던 사람이 바로 너야. 바로 그런 말을 듣고 싶었어!" 이런 말, 이런 말을 들어야 한다. 그런 말을 들으려면 지금의 태도 가지고서는 안 된다. 다시 노래를 불러보자. "네가 너를 모르는데 난들 너를 알겠느냐." 이 문제에 대한 답을 찾지 못하면 취업준비 과정에서도 취업 후에도 그대들의 삶은 앞으로 나아가지 못할 것이다. 왜? 취업의 과정에서 그대들에게 던져지는 질문은 '그대 자신'에 대한 것뿐이다. '당신은 무엇을 잘하는가?' '당신의 약점은 무엇인가?' '당신의 가치는 무엇인가?' '당신이 우리 회사의 발전을 위해 할 수 있는 것이 무엇인가?' 이런 모든 질문의 핵심은 '자기 자신을 아는 것'이다. 그런데 자기 자신을 제대로 알지도 못한 채 겉모습만 치장하고 있는 것이다. 각종 스펙의 화려한 옷을 입느라 돈도, 시간도, 열정도 다 쏟아붓고 있다. 다 틀렸다. 옷은 품위만 유지하면 된다. 그런데 왜 능력도 안 되면서 화려하게 겉치장하려 하는가? 속은 빈털터리면서 말이다.

인사담당자들은 속이 꽉 찬 사람, 그런 사람을 찾고 싶어 한다. 그런 사람이 없다고 하지 않는가? 정말 취업을 원한다면 속이 꽉 찬 사람이 되어야 한다. 무엇으로? Basic으로 꽉 차 있는 사람을 필요로 한다. 그리고 그런 사람만이 살아남을 것이다. 지금도 좁은 취업문이라고 하는데 앞으로 몇 년, 길게는 10년은 험난한 취업문을 그대들은 맞이해야 되는지도 모른다. 일본의 잃어버린 20년을 우리도 맞이하게 될지 모른다는 것이다. 험난한 취업문을 어떻게라도 뚫고 싶거든 그대들은 Basic을 갖추어야 한다. 그 Basic의 시작이 '너 자신을 알라'이다. 자기를 알기 위해서는 부딪쳐야 한다. 이리저리 부딪쳐보면서 잘할 수 있는 것을 찾아라. 재미있는 것도 찾고, 못하는 것도 찾고, 돈 되는 것도 찾아라. 나를 지도해주시는 스승님께서는 '모든 인간에게는 개성의 왕으로 살아갈 수 있는 축복을 주셨다'고 말씀하셨다. '개성의 왕'이다. 자기만이 잘할 수 있는 능력이 내재되어 있는데 그것을 찾는 것은 자기의 책임분담이다. 그런데 자기만이 가지고 있는 능력, 즉 달란트 찾는 것을 게을리하고 있다. 자기 안의 달란트를 찾아라. 그 달란트를 무기 삼아 취업의 문을 두드려라. 한번에 안 되면 달란트라는 무기의 끝을 더 날카롭게 갈아서 견고한 취업의 문을 뚫고 들어가라.

한국인재인증센터 송수용 대표의 저서에 『세상을 이기는 힘 DID』가 있다. DID는 '들이대라'는 뜻이다. 한번은 약속하고 송 대표의 사무실로 찾아갔다. '시간이 돈'인 송 대표의 귀한 시간을 뺏은 만큼 얻은 게 있어야 했다. 나 자신도 지금까지 알아온 나보다 더 나은 나를 발견해보기 위해 찾아간 것이다. 이때 들었던 이야기 중 하나가 기억이 난다. '일단 들이대고 나면 받아들이느냐, 아니냐는 상대방에게 달려 있다'는 것이다. 결국 들이대는 사람에게는 손해 볼 것이 없다는 것이다. 상대가 받아들여 주면 좋은 것이고 안 받아들여도 그것으로 끝이니까. 그러나 한없이 들이대다 보면 시간만 흘러간다. 그래서 자신을 잘 알아야 된다. 그대들 앞에 주어진 시간이 무한정으로 있지는 않다. 30세 전에 취업 도전에 성공해야 하기에 그렇다. 30세가 넘으면 취업의 문이 더 좁아지기 때문이다. 그대들 앞에 주어진 시간을 보고 얼마나 들이댈 것인가를 판단해야 한다. 들이대보면서 그대들에게 주어진 달란트를 찾아야 된다. 혼자서 못 하겠다면 도움 받을 누군가를 찾아라. 에베레스트산을 정복하는 사람들도 혼자 가지 않는다. 그들에게는 셰르파(Sherpa)가 있다. 셰르파는 에베레스트산 정상을 수도 없이 다녀본 현지인들로서 도전하는 등반가들의 눈과 발이되어준다. 위험한 지역을 알려주고, 짐꾼이 되어 정상을 안내해주는 역할을 하는 이들이다. 그대들의 인생을 이끌어주고 코칭해줄 사람들을 주변에서 찾으면 있을 것이다. 독불장군 행세하지 말고 함께하길 바란다.

'너 자신을 알라.' 이것은 고대 그리스 델포이의 아폴론 신전(神殿) 현관 기둥에 새겨졌다는 유명한 말이다. 인생에 대한 문제는 이 하나의 질문으로부터 시작한다. 이 하나의 문제를 잘 풀어야 취업의 문도 열린다. 취업의 문을 열고 취업에 성공하여 개인의 성장을 이룰 수 있는 Basic이 '자신을 아는 것'이다. '지피지기(知彼知己) 백전불태(百戰不殆)'라 했다. 적을 알고 나를 알면 위태롭지 않다는 의미이다. 채용하고자 하는 인사담당자를 알고, 나를 알 때 취업 전쟁에서 위태롭지 않게 된다. 지금까지 '인사담당자는 어떤 인재를 뽑으려고 하는가?'와 '나는 누구인가?'라는 질문을 일치시키지 못한 채 취업준비를 하였다. 싱크로율(synchronization)이 낮은데 합격률이 높을 수가 없다. 그대가 그대를 모르는데 인사담당자인들 그대를 알겠는가?

7

마지노선 지키려다 망했다

시대는 변해가고 있다. 환경도 변하고 사람도 변해간다. 그런 환경 속에서 살아남기 위해서는 서로 변해야 한다. 과거의 성공방법이 오늘의 성공방법이 되리라는 보장은 없다. 과거의 그 환경에서 그 사람만의 방법으로 성공했기에 똑같은 환경, 똑같은 사람의 조건을 갖출 수 없기 때문이다. 우리들은 그 동일한 방법을 따라 하기 위해 과거를 공부하는 것이 아니다. 따라쟁이는 망할 수밖에 없다. 왜냐하면 모든 변수들이 변했기 때문이다. 그대들은 '마지노선'이라는 단어를 아는지 모르겠다. 다양한 상황에서 사용되니 알 수도 있을 것 같다. '마지노선 넘은 르노삼성… 임단협 타결 불발, 한국차 생존 마지노선 깨진다, 최후의 마지노선을 넘은 북한 핵문제, 코스피지수 1,600선이 마지노선, 취업 마지노선 남 33.5세, 여 31.3세 등.' 그런데 마지노선에 대한 내용을 제대로 아는 사람들은 많지 않을 것이다. 그 의미를 제대로 이해할 때 어쩌면 80여 년이 지난 마지노선의 교훈이 오늘날의 그대들에게도 깨달음을 주지 않을까 한다.

제1차 세계대전 당시 독일의 진격은 프랑스의 회심의 일격으로 멈추게 되었다. 시간이 흘러가면서 멈춘 그 자리에는 점차 참호가 구축되고 그 참호는 깊고 견고해져 갔다. 참호를 뛰어나와 전진하려는 수많은 병사들은 기관총과 포격에 사라져갔다. 수년 동안 불과 몇백 미터를 전진하기 위해 희생된 군인은 몇백만 명이나 되었다. 이런 고착상태를 극복하기 위해 등장한 무기가 전차다. 그렇지만 전차로도 이런 상황을 극복하기에는 충분하지 못했다. 이로 인해 나폴레옹 전쟁 이후 계속된 '공격 제일주의'는 한계를 맞게 되었다. 반면, 프랑스에서는 그 어떤 공격도 막아낼 수 있다면 결국 승리한다는 '방어 제일주의'가 힘을 얻었다. 그 결과로 거대한 방벽으로 독불 국경을 완전히 차단하게 되었다. 이 구상은 프랑스 총사령관 조프르와 페탱 등의 동조세력에 의해 제안되어 국방장관 안드레 마지노 주도로 추진되었다. 그러나 이 구상에 반대한 세력도 있었다. 드골과 차후 수상이 된 레이노는 장차전은 기갑부대와 공군이 주력이 될 것으로 보고 고착화된 구조물은 불필요하다는 주장을 하였지만 소수 의견으로 취급되었다. 프랑스를 수호할 철벽은 독일과 직접 맞닿은 국경 일대 350km에 암반을 뚫고 만들어졌다. 그곳에는 무려 5,000개가 넘는 벙커가 촘촘히 설치되어서 이곳으로의 진격은 자살행위나 다름없을 정도였다. 이 방어선이 프랑스 국민들을 지켜줄 것으로 확신했다. 문제는 그 철벽 방어선이 제1차 세계대전 당시 우군이었던 벨기에와의 국경에서 단절되었다는 것이다. 가장 큰 이유는 비용 때문이었다. 프랑스는 이 약점과 지형을 생각하여 병력 배치를 하고 대비하였다. 그러나 독일군은 전혀 예상하지 못한 마지노선의 북쪽 끝의 지역을 이용하여 공격을 하였다. 그곳은 강력하고 거대한 방벽이 설치되지 않은 곳이었다. 결국 100만 명의 연합군 주력은 포위망에 갇혀 꼼짝없이 당하고 말았다. 마지노선의 고정된 진지에 있던 80만 명의 프랑스군도 도움을 줄 수 없었다. 믿었던 마지노선은 힘도 써보지 못하는 허수아비에 불과했고, 파리는 점령당하고 말았다. 제1차 세계대전에서의 승리에 만족하고 그 방법으로 제2차 세계대전을 준비한 프랑스는 그들의 생각과 전혀 다른 독일의 변화된 공격에 허무하게 무너지고 말았던 것이다. 전쟁의 상대국인 독일이 어떻게 변화되고 있는지를 고려하지 않은 프랑스였다. 적을 모른 채 준비했으니 패배는 예견되었던 것이다.

이와 같이 취업시장도 계속 변화하고 있다. 공채를 줄이고 수시채용을 강화하겠다는 기업들, 블라인드채용을 강화, AI 도입과 화상면접 실시 등을 하겠다는 기업들의 상황을 잘 알고 준비해야 한다. 직업능력을 평가하는 NCS 도입 등 취업시장의 변화는 계속되는데 왜 취준생들은 변하지 않는 건가? 독일군의 공격에 대비하던 프랑스처럼 과거의 방법에 고착되어 있으면 안 된다. 과거 선배들의 취업 성공방법이 그대들의 성공방법이 될 수는 없다. 그리고 선배들의 취업 성공 요인을 정확히 알 수도 없는 것이다. 채용한 인사담당자들만 알 뿐이다. 이를 알고 지금까지의 스펙 준비 중심의 생각에서 벗어나 빨리 직무 중심의 생각으로 바꿔야 한다. 그리고 취업준비는 대학교 4학년 때부터라는 생각을 바꿔야 한다. 대학 입학과 동시에 시작해야 한다. 이제는 고스펙이 아니고 직무 경험을 통한 직무 능력을 갖추어야 한다. 잡코리아 대표 컨설턴트 이시한 성신여대 겸임교수는 "사기업의 수시채용은 필요한 인재를 필요한 때, 필요한 만큼 뽑겠다는 것이어서 공채형 인재처럼 이것저것 다 잘하고, 전반적으로 준비한 인재를 뽑는 형태가 아니다"라고 말한다. 시스템 속에서 필요한 인재, 적합한 인재를 그때그때 뽑겠다는 것이다. 미래의 기업을 말하는 어떤 전문가들의 이야기도 귀담아 들을 필요가 있다. "소비자 반응에 따라 변화하는 시장에 대처해나가야 하는 기업으로서는 준비되지 않은 시스템은 가동할 수 없다. 그럴 때는 일시적으로 준비된 인재를 찾기 마련이다. 필요한 분야의 전문가나 직무 경험을 가진 자를 필요로 하는 것이다." 그래서 자기만의 경험으로 축적된 능력자를 만들고 그 능력을 취업시장에 내놓아야 한다.

2019년, 취업포털 커리어에서 기업 인사담당자 308명을 대상으로 설문조사를 하였다. '고스펙과 업무능력의 상관관계'를 물었다. 여기에서 인사담당자들은 업무 성과와 상관성이 가장 높은 스펙으로 '인턴/아르바이트 경력(51%)'이라고 답했다. 이는 직무 경험을 중요하게 생각하고 있음을 나타낸다. 여기서 중요한 것은 어떤 경험을 얼마나 했느냐보다는 어떻게 했느냐이며 그 과정에서 느낀 점은 무엇이며, 그것을 지원한 직무와 어떻게 연결할 것인가이다. 스펙 제일주의에서 벗어나서 Basic 중심의 취업준비를 해야 한다. 선배들을 지켜주었던 과거의 스펙 중심의 마지노선이 현재의 그대들을 또다시 지켜주지는 않는다.

Basic에 미쳐
성공한 사람들

11

온라인 쇼핑몰의 미다스 손_ 오병진

남자에프앤비 이사 오병진, 그를 '온라인 쇼핑몰계의 미다스 손' 이라 부른다. 그가 손대는 쇼핑몰마다 대박을 터뜨려서 그렇게 불리는 것 같다. 로토코, 더에이미, 투문, 남자김치 등이다. 이 중 남자김치 성공의 핵심은 '열정, 제품력, 홍보'에 있다고 하였다. 김치에 미쳐 있는 열정의 네 명의 남자가 만들어낸 작품이었다. 론칭 3개월 만에 김치 쇼핑몰업계 시장 점유율 50%를 달성하였다. 이것은 그들의 김치 연구에 대한 열정이 한 방향으로 결집되었기에 가능했다. '사람들은 어떤 김치 맛을 원하는가? 어떻게 알려야 하는가? 남들과 다른 남자김치만의 장점은 무엇인가?'라는 3가지 질문을 던졌다. 이 질문에 답하기 위해 모두들 살인적인 스케줄을 소화해야 했다. 그럴 수 있었던 것은 제대로 된 김치를 만들기로 의견의 일치를 보았기 때문이다. '기본은 제품력이다. 옷가게에서는 옷이 가장 예뻐야 하고, 김치가게에서는 김치 맛이 제일 좋아야 한다. 결국 실력으로 승부하는 것이다.' 이런 생각으로 남자김치를 소비자 맛의 정상으로 이끌었다. 오병진 이사는 그의 저서 『너의 전부를 걸어라』에서 이런 말을 하였다.

"기적은 그냥 만들어지지 않는다. 우리에겐 주체할 수 없는 열정이 있었고, 수많은 김치 브랜드와 차별된 맛이 있었고, 고객의 마음을 사로잡을 준비가 되어 있었다."

열정이 만들어낸 남자김치였다. 그들의 열정이 소비자 맛을 이끌어낸 것이다. 오병진 이사의 열정은 단순히 남자김치에서만 나온 것이 아니었다. 그의 청춘은 열정이 전부였다. 열정이 이끌어온 그의 청춘은 온몸으로 경험한 이야기다. 주민등록증이 발급되었을 때 가락동 농수산물시장에 가서 손수레를 대여 받아 물건을 여러 상회에 옮겨 주는 일을 했다. 열심히 하면 5만 원 정도 벌었다. 이렇게 고등학교 때 용돈을 벌어 썼다. 그런데 이때 중요한 것을 깨달았다고 한다. 그것은 용돈 벌이로 했던 일이 어느 한 아저씨에게는 가족의 생계를 위한 일이었음을 알게 된 것이다. 그래서 더 이상 그 일을 하지 않기로 했다고 한다. 그리고 해야 할 일과 하지 말아야 할 일을 구분하려고 한다고 했다. 대학에 가서도 아르바이트는 계속했다. 공사판에서 일하고, 가락동 농수산물시장에서의 경험을 살려 아파트 단지에서 배추를 팔기도 했다. 그렇게 노력한 결과 차를 몰고 다닐 수 있을 만큼 많은 돈을 벌었다.

한번은 수영강사를 할 때의 일이었다. 아기스포츠단을 맡았는데 수영강습을 한 번도 해보지 않아서 힘들었다. 그래서 스포츠센터의 다른 선생님들께 노하우를 배우려고 부탁했으나 아무도 가르쳐주지 않았다. 어떻게 해서든 배워야 했기에 새벽 일찍 일어나 선배들의 구두를 닦고 책상을 정리하며 수영장 청소를 하였다. 배움 앞에서 자존심이 문제가 아니었다. 그렇게 5~6개월이 지났을 때 한 선배가 강습을 배우고 싶냐고 물어서 열심히 배우겠다고 했다. 그래서 그 선배의 새벽 수업 시간에 들어가 수강했다. 그런데 8개월이 되는 시점에 새로운 상사가 들어왔고, 직원 물갈이를 하면서 그는 해고당하고 말았다. 이때의 쓰라린 경험이 인생의 방향을 바꾼 전환점이 되었다고 한다. 다행히 해고 전에 수영강습 교육을 제대로 받았던 것 때문에 새로 옮긴 스포츠센터에서는 인정을 받았다. 그리고 모델 아르바이트도 하였다. 정신없이 모델 활동을 하면서 뮤직비디오 촬영도 하게 되었고, 그러다가 가수로 스카우트도 되었다. 앨범도 나왔지만 부모님의 가수 활동 반대로 그만두었다. 이후 금융회사에서 쳇바퀴 도는 생활을 하다가 못 견디고 그만두었다.

기회는 준비된 자에게 찾아온다고 했던가? 지금까지 온몸으로 경험했던 것들로 인해 기회를 맞았고, 그 기회는 또 다른 경험을 하게 하였다. 성공과 실패라는 경험을 통해 더에이미, 투문, 남자김치라는 기회를 맞았다. 오병진 이사는 온라인 쇼핑몰을 운영하면서 이룬 성과야말로 오직 경험과 열정이 가져다준 기회였다고 말한다. 지금의 오병진 이사를 만들어낸 Basic은 열정이었다. 그의 성공은 우연히 찾아온 것이 아니다. 그의 열정을 쏟아낸 모습을 글로 읽었을 때 생각난 성경 구절이 있었다. '마음과 뜻과 목숨을 다해', 그렇다. 오병진 이사는 마음과 뜻과 목숨을 다하는 자세로 노력하고 도전해서 지금의 자리와 명성을 얻었다. 남들이 하는 만큼 하고, 누릴 것 다 누리며 이루어낸 성과가 아니었다. 그에게 워라밸은 없었다. 밤낮 일에 미쳐서 얻어낸 결과였다. 워라밸을 생각했다면 불가능했을 일인데 일 안에서 행복을 찾을 수 있었기에 가능한 일이었는지도 모른다. 그에게 '출장은 여행이었고, 시장조사는 쇼핑이었고, 회의는 수다'였다고 한다. 그 안에 재미와 보람과 행복이 있었다. 이 정도로 '열정맨'인 그가 직원을 뽑을 때는 무엇을 중요하게 생각할까? 그의 저서에서 이렇게 밝혔다. "난 열정이 있는 그들이 좋다. 아예 면접을 볼 때부터 나는 경력보다는 성품을 많이 본다. 표정이 밝고, 부정적인 말보다는 긍정적인 말을 하는 친구에게 더 호감이 간다. 물론 각 팀장이 보는 2차 면접에서는 업무 능력을 중요하게 평가하지만 말이다."

불안한 취업의 현실 앞에서 고뇌하는 그대들에게 '열정맨' 오병진 이사가 해주고 싶은 말은 무엇일까? 이런 말일 듯싶다. "나는 정말 이 일에 미쳐 있는가? 어떤 일을 꿈꾸든 이렇게 자문해보라. 지치고 외롭고 포기하고 싶은 순간은 수시로 찾아온다. 진심으로 하고 싶은 일에 대한 열정만이 그 고난을 뚫고 가게 하는 에너지다!" 오늘의 오병진 이사를 만들어준 열정이 그대들 가슴에도 샘솟길 바란다.

2

더본코리아 대표_ 백종원

돈 버는 식당, 비법은 있다. '망하는 식당'은 그 이유가 제각각이고, '돈 버는 식당'은 백종원 대표의 말대로 하고 있다. 돈 버는 식당은 손님의 입장에서 철저히 기본을 지켰다. 그런데 그 기본이라는 것은 무엇일까? 간단하다. 가장 잘하는 단일 메뉴로 승부하고, 손님을 향해 인사를 밝게 한다. '남에게 대접을 받고자 하는 대로 너희도 남을 대접하라'는 말이 있다. 백 대표가 그랬다. 그가 대접받고 싶은 대로 손님을 대접한 것이다. 그것이 비법이었다. 너무나 평범한 진리다. 그 평범한 진리를 모르는 사람은 없을 것이다. 백 대표는 알았고, 다른 사람들도 알았다. 단지 백 대표는 철저하고도 지속적으로 행했을 뿐이다. 그 차이다. 손님의 입장에서 대접받고 싶은 마음을 담아 자기가 가장 잘하는 메뉴를 내놓는 것, 그것이 돈 버는 식당의 비법이었다. 그런데 초심을 유지하는 것은 정말 쉽지 않은 것 같다. 그래서 잘 하다가 뭔가 막히고 잘 안 되면 초심으로 돌아가라고 말한다. 어느 날 가족들과 식사를 하기 위해 식당에 갔다. TV에 백 대표가 등장하였다. 그런데 심각한 표정에 눈물까지 글썽이면서 앞에 앉아 있는 누군가에게 말하고 있었다. "이 맛이 아니잖아요? 대박 날 거라고 했던 맛이 아니에요." 컨설턴트를 받은 후 시간이 흐르면서 옛날로 돌아가 버린 것이다. 초심을 잃어버린 것이었다. 지금까지 백 대표의 컨설턴트를 받았던 식당들을 다시 점검하러 가보면 초심을 잃어버린 곳이 있다. 그래서 가끔은 불시에 찾아가 본다고 한다. 이렇듯이 초심을 유지하기가 어려워서 모두가 성공하지 못하는 것이다.

다른 사람들에 비해 백 대표가 성공할 수밖에 없는 이유는 그만의 성공비법을 뼛속 깊이 간직하고 있다는 것이다. 그는 중학생 때부터 요리책을 읽었다고 한다. 대학생때는 맛집 순례를 했다. 인터넷상에 떠돌고 있는 에피소드를 보면 그가 음식 만드는 것을 얼마나 좋아하는지 알 수 있을 것 같다. 군대에서 학사장교로 생활하던 때의 일이었다. 간부식당을 맡게 된 백종원 장교, 식당 일은 맡게 되었지만 아무것도 제대로 할 수 없는 그였다. 그 때문에 취사병들로부터 무시도 당했다. 그래서 그는 보름 동안 숙소에서 4~5시간씩 무를 썰면서 실력을 다졌다. 무 써는 것이 숙달되었을 때 식당 메뉴를 무생채로 변경하고 그동안 갈고 닦은 칼질을 보여주었다. 놀라운 실력이었다. 이렇게 취사장에서 주도권을 잡게 된 백종원 장교였지만 아직도 음식에 대한 레시피도 모르는 상태였다. 그래서 먼저 레시피를 외우고 그 외운 레시피를 가지고 취사병들에게 요리를 시켰다. 그러면서 레시피에 따라 요리하는 것을 어깨너머로 배웠다. 그리고 식당 경영하는 방법도 배우고 간부식당을 변화시키기 시작했다. 뚝배기 김치찌개를 인기 메뉴로 올려놓고, 새우버거 개발과 뷔페식 배식 방법의 적용 등 다양한 도전이 계속되었다. 제대 후에는 몇 번의 사업 실패를 경험하기도 하였다. 그는 가장 잘하는 일, 가장 좋아하는 일을 하고 싶었다. 그래서 망해가는 쌈밥집을 인수했다. 그것이 음식계에 접어든 계기가 되었다.

SBS TV 프로그램 <백종원의 골목식당>을 가끔 본다. 볼 때마다 느끼는 것은 찾아간 식당 주인들은 하나같이 잘하고 있다고 말한다는 것이다. 백 대표와 식당 주인들의 생각 차이가 너무 컸다. 아니 생각의 차이가 큰 것이 아니고 생각의 출발점이 달랐다. 백 대표의 생각은 손님이었고, 식당 주인들의 생각은 식당 주인 자신이었다. 주인은 팔아야 되고, 손님은 먹어야 된다. 이것이 식당이 존재하는 이유이다. 그것을 백 대표는 알고 있었다. 그래서 철저히 지켰다. 주인의 눈높이에 손님이 맞추라고 하지 않고, 손님의 눈높이에 주인이 맞췄다. 식당의 존재 이유를 머리로 아는 것에 그치지 않고 온몸으로 알고 있었던 것이다. 우리는 지식은 많은데 아는 것을 온몸으로 표현하는 데는 서툴다. 취업준비도 마찬가지다. 지식은 많아 스펙은 화려하다. 그러나 그 화려한 스펙이 진짜임을 증명할 유일한 도구인 온몸으로 표현하는 데는 약하다. 그 갭이 너무나 커서 취업에 실패하고 있는 것이다. 잘 안 되는 많은 식당처럼 말이다. 반면에 백 대표는 자기를 아는 것에 철저했다. 자기 입맛에 대한 철저한 분석을 통해 그 기준을 가지고 손님이 원하는 맛의 기준을 설정한다고 한다. 자기 입맛을 알고 손님의 입맛을 알면 식당이 위태롭지 않다. 그런데 위태로움을 벗어나 돈 버는 식당이 되려면 입맛 외에 더 노력해야 할 것이 또 있다. 보고, 느끼고, 냄새 맡고 난 결과가 온몸에 반응하여 그 식당의 입맛이 결정되기 때문이다. 순수한 음식 맛은 30%이고 나머지 70%가 손님들이 느끼는 음식 맛을 결정한다. 이것이 백 대표가 말하는 '30대 70의 법칙'이다. 백 대표는 수많은 식당을 다녀보고, 온몸으로 느껴본다고 한다. 우리나라뿐만 아니라 전 세계의 음식점도 가보는 열정을 갖고 있다. 음식점들의 공개된 레시피는 기본 공식이다. 그 기본 공식으로는 본전치기 장사를 할 뿐이다. 여기에 돈 버는 식당이 되려면 기본을 뛰어넘어 응용의 단계가 되어야 한다. 그 응용을 가능하게 하는 것이 경험이다. 타의 추종을 불허하는 다양한 경험이 지금의 백종원을 만들었다는 평가다.

좋아하는 일에 대한 열정과 도전, 손님의 입장에서 맛의 선택 등으로 승부를 건 백 대표였다. 음식전문가들의 입장에서는 어쩌면 백 대표의 모습은 전문가라고 할 수 없다. 그러나 백 대표에게는 손님 지향의 강점이 있다. 철저히 손님 지향적이다. 그가 손님의 마음을 사로잡는 비결은 손님의 입장에서 생각해보는 것이었다. 이런 백 대표의 성공 법칙을 취업준비의 현장에 적용해보자. 취준생들이여! 그대들의 입맛이 아닌 채용자의 입맛에 맞는 취업 레시피를 준비하고 있는가?

3

소프트뱅크 회장_ 손정의

"당신은 눈빛이 좋네요."

손정의 회장의 인재 뽑는 기준에 대한 기사가 <경향신문>에 실렸다. 일본 소프트뱅크 회장 손정의가 사람을 뽑는 기준이 '눈빛'이라는 것이다. 자신의 트위터에서 '우수한 인재의 공통점'을 묻는 팔로워들의 질문에 이렇게 답했다고도 한다. "눈빛이 살아 있다." 지금은 은퇴한 전 알리바바 회장 마윈을 손정의 회장이 만났을 때의 일을 보더라도 그의 사람 보는 눈은 다르다는 것을 알 수 있다. 중국 인터넷 시장의 발전을 예측하고 중국 벤처기업에 투자를 하기 위해서 관계자 20명을 만날 때였다. 그중에서 마윈을 알아보았다고 한다. "개와 늑대는 비슷해 보이지만 다르다. 개는 개를, 늑대는 늑대를 서로 알아본다. 5분간 그의 이념과 비전을 들었다. 신념과 정열을 느낄 수 있었다." "우리는 서로를 냄새로 알아봤다." 손 회장은 일본 제1의 기업이 되기까지 수많은 인재를 뽑고 그들과 일하면서 우수한 인재의 공통점을 발견했을 것이다. 그만의 인재 발견의 비법이 '눈빛'에 있었다. 눈을 보면 진실을 알 수 있다고 한다. 거짓말을 하지 못하는 눈. 어떤 한 사람을 통찰할 수 있는 기준을 눈이 담고 있다고 해야 할 것 같다. 그 믿음으로 손 회장은 창업 당시부터 인재를 눈빛을 보고 뽑아온 것이 아닐까? 살아 있는 눈빛에는 열정이 담겨 있기 때문이다.

　그럼 손 회장의 인생은 어땠을까? 손 회장은 19세에 인생 50년 계획을 10년 단위로 세웠다. '20대에 이름을 알린다. 30대에는 사업 자금을 모은다. 40대에 큰 승부를 건다. 50대에 사업을 완성시킨다. 60대에 다음 세대에 경영권을 넘긴다.' 그는 인생 50년 계획을 그대로 실천에 옮겼다. 구체적인 목표를 세우고 그 목표 달성을 위해서 거침없이 밀어붙이며 살았다. 그 결과 현재 일본 거리를 거닐다가 눈을 들면 여기저기에 보이는 '소프트뱅크'가 되었다. 일본의 제1기업이 된 것이다. 이런 손 회장도 과정 중에 만성 간염 판정을 받아 5년 이상의 생존을 장담하기 어려운 상황에 처하기도 하였다. 하지만 3년 동안 투병 생활하면서 손 회장은 더 강해졌다. 투병 생활 중에 4,000여 권의 책을 읽으면서 생각하는 힘이 더욱 강해졌다고 한다. 힘든 투병 생활은 '역경의 시간을 미래의 자양분으로 바꿔놓은 시간'이었다고 말한다. 생사를 가늠할 수 없는 상황 속에서도 모든 것을 이겨내고 50년의 계획을 이루어낼 수 있었던 것은 사업에 대한 가치관이 확고했기에 가능했다. 그 가치관은 '정보혁명을 통해 인류의 삶을 행복하게 만들자'였다. 자신만을 위한 사업이 아니고 인류의 삶을 행복하게 해주겠다는 창업의 가치가 지속성을 가능하게 한 것이다.

지속성은 식지 않는 열정이 있어야 가능한데 손 회장의 열정에 대한 사례 하나를 들어보겠다. 손 회장의 '자기가 원하는 인생' 특강을 담은 책『지금 너에게 가장 필요한 것은』에 나온 이야기다.

　'유학은 내 인생의 커다란 승부처이며 전환기였다. 미국에서는 고등학교 2학년으로 입학했지만, 일주일 만에 교장 선생님께 3학년으로 바꿔달라고 요청했다. 이런 나의 요구가 받아들여지자 3학년 교과서를 모두 주문해 5일 만에 모든 교과서를 훑어봤다. 전부 읽고 나서 한 번 더 교장 선생님께 부탁하여 3학년도 월반해서 4학년 교과서를 전부 갖고 싶다고 했다. 그래서 4학년으로 바꾸고 다시 5일 만에 4학년 교과서를 전부 읽었다. 그리고 마침내 대학에 갈 것을 결심하고 검정고시에 합격하여 대학에 가게 되었다. 일본에서 보낸 고등학교 1학년 때의 6개월과 미국에서 보낸 합계 2주간으로 고등학교 생활은 끝이 났다.'

　확실한 인생 목표를 세우고 그 목표를 향해 질주하는 열정과 포기할 줄 모르는 도전정신이 손 회장의 성공을 이끌었다.『지금 너에게 가장 필요한 것은』에서 말했듯이 스스로 더 이상 도망갈 길을 끊어버리고 미친 듯이 달렸다. 인생 계획에 배수진을 친 것이다. 마치 중국 한나라의 명장 한신이 조군(趙軍)에게 쫓길 때 큰 강을 뒤로하고 진을 쳐서 모든 병사들이 적군을 맞아 죽기 살기로 싸워 승리할 수 있었듯이 그랬다. '기회란 누구에게나 찾아오는 것이다. 그러나 기회를 살리는 사람은 적다. 나는 고등학교 1학년 때 주위 사람들의 만류를 뿌리치며 학교를 그만두고, 미국으로 유학을 가는 승부수를 띄웠다. 그 분기점이 된 것은 도망갈 길을 끊으면서까지 기회에 도전

할 용기가 있는가, 없는가였다.'

손 회장은 인생 전체가 열정과 도전이다. 겨우 2명의 아르바이트 사원을 데리고 소프트뱅크를 열었을 때도 그랬다. 컴퓨터의 '컴' 자도 모르는 이를 뽑는 데 '눈빛' 하나 보고 뽑았다. 인재 선택 기준이 '눈빛'이었던 것이다.

'내 마음속에 열정이 있으면 상대에게도 반드시 전해진다. 이것이 바로 꿈이 가지고 있는 무서운 힘이다. 설령 꿈을 이루지 못해도 낙담할 필요는 없다. 그 꿈을 계속 추구하고 있는 동안은 꿈의 달성에 한 발짝 한 발짝 다가가고 있는 것이다.' 그대들의 눈빛을 채용담당자들은 바라본다. 눈빛에 그대들의 열정과 도전이라는 Basic을 담아라.

4

배달의 민족 대표_ 김봉진

"배민을 망하게 할 수도 있는 사람을 찾습니다."

지식 플랫폼 폴인(fol:in) insight에서 소개한 재미있는 채용광고를 보았다. 대한민국 1등 배달앱, 배달의 민족이 어떤 인재상을 원하는지 볼 수 있는 문구다. 이런 인재상이 배달의 민족 성공을 이끌었다. 그럼 배달의 민족 성장, 아니 김봉진 대표의 성공 요인은 무엇일까? 브랜딩 전문가인 한양대학교 홍성태 교수의 저서 『배민다움』에서 그 답을 찾아보았다. 홍 교수는 이 시대는 '남들보다 더 낫거나 다른 것만으로는 차별화하기 힘든 시대'라고 한다. 그래서 '자기다움'이 없이는 기업도 개인도 살아남기 어렵다고 말한다. 절대 공감한다. 배달의 민족이 성공한 것도 6년 남짓한 기간에 '배민다움'을 만드는 데 성공했기 때문이라고 분석했다. 그러면 자타가 인정하는 성공한 사람 김 대표는 어떤 인재들을 선호할까? 지식 플랫폼 폴인(fol:in)이 여는 컨퍼런스 <5년 뒤, 누가 변화를 이끌 것인가>에 참석한 우아한형제들 HR 담당 박세헌 수석의 말이 김 대표의 인재상을 말해준다. "배민의 성장을 위해선 위험을 감수하고라도 새로운 시도를 하는 사람이 필요하다." 박 수석은 구체적인 인재상을 설명하였다. "왜?라는 질문을 통해 상황을 끊임없이 재정의하는 사람, 생각보다 실행을 더 잘하는 사람, 그리고 협업을 잘하는 사람이다. 우리는 한 사람의 천재보다 평범한 열 사람이 더 좋은 아이디어를 낸다고 믿는다." 그래서 채용광고도 인재상의 핵심을 찔렀다. "배민을 망하게 할 수도 있는 사람을 찾습니다." 배민을 망하게 할 수도 있는 새로운 시도를 하는 사람을 배민의 인재로 삼고 있는 것이다. 심지어 김 대표가 어느 한 포럼에 초대되어 갔을 때 자기만의 표현을 위해 의상에 얼마나 신경을 썼는지를 보면 그의 생각을 알 수 있을 것 같다. "오늘 아침에 고민이 많았어요. 오늘 제가 이 포럼의 영웅이라고 해서 뭘 입어야 하나 고민하다 이 옷을 찾았어요. 디자이너답죠? 사실 제 아내 옷이에요. 저는 가끔 여자 옷도 입어요. 남자가 꼭 남자 옷을 입어야 하나요. 자기를 표현할 수 있는 옷을 입으면 되잖아요. 제가 살아가는 방식이고 경쟁력이에요."

자기를 표현할 수 있는 옷은 김 대표 개인다움을 표현해냈다. 배달의 민족도 '배민다움'을 표현해냈다. 그 결과 지금의 배민이 있는 것이다.

김 대표는 1997년 서울예술대학 실내디자인과를 졸업하였다. 졸업 후 디자이너로서 사회생활을 하다가 수제가구 사업에 도전했다. 하지만 얼마 못 가서 수억 원의 빚을 진 나머지 전셋집마저도 날렸다. 이런 힘든 상황에서도 그는 자신을 스스로 디자이너로 정의하는 것을 잊어버리지 않았다. 초심을 잃지 않고 다시 창업을 하였다.

2011년 '우아한형제들' 창업이었다. 그런 김 대표가 MBN Y포럼에 초대된 적이 있다. 그때 포럼의 영웅으로 초대된 그가 젊은이들에게 해준 이야기가 인상 깊게 다가왔다.

"창의성을 어떻게 발현할까요? 창의성의 반대는 제약입니다. 창의성을 반영한 모든 것들은 제약을 뚫고 나가기 위해서 나온 거예요. 한도 없이 1,000억 정도 아무거나 할 수 있도록 할 테니까 창의적인 결과물을 만들어보라고 하면 만들 수 있을까요? 시간의 제약, 돈의 제약, 리소스의 제약이 있어야 창의성이 발현되는 겁니다. 제약이 창의성을 발현시키는 거죠."

'제약이 있어야 창의성이 발현된다'고 말하는 김 대표다. 그럼 제약은 어떻게 뚫을 수 있는가? 끊임없이 고민하고 노력하고 실행을 통한 도전을 하는 것에서 가능하다. 수많은 제약을 뚫고 창의성을 발현해서 이루어낸 배달의 민족 성장은 엄청났다. 매각 금액이 그것을 말해준다. 2019년 12월 13일 요기요 운영사인 독일의 딜리버리 히어로(DH)에 매각된 금액은 4조 3천억 원이었다. 이런 성공을 이루어낼 수 있었던 또 하나의 요인이 있다. '꾸준함'이다. 김 대표가 사업에 실패하고 네이버(NAVER)에 입사해 10년 차쯤 되었을 때의 일이다. 신입들의 대화에도 끼지 못하고 성과도 그들보다 낫지 못한 자신을 돌아보게 되었다. 그때 이나모리 가즈오 회장이 쓴 『왜 일하는가』라는 책을 읽게 되었다. 그에게 깨달음을 준 내용은 '일이란, 나 자신을 완성해나갈 수 있는 가장 강력한 수련의 도구다. 그 일을 통해서 꾸준히 반복적으로 한 단계, 더 높은 단계로 나를 수련해나가야 한다'는 구절이었다고 한다. 깨닫고 바로 실천에 옮긴 것이 바로 디자인과 관련된 사이트나 콘텐츠를 매일 8개씩 블로그에 올리는 것이었다고 하는데, 그때를 김 대표는 이렇게 회상한다. '소재도 없고, 귀찮고 힘들고 여러 어려움이 있었지만, 위의 블로깅 활동을 정확히 755일 동안 하며 꾸준함이 왜 필요한지 알게 되었다. 한 단계 성장한 느낌이 들었다. 정말 나만의 작품을 만들어낼 수 있는 힘이 되었다. 특히 배달의 민족 구상할 때 큰 도움이 되었다. 블로깅 활동을 하며 해외사이트 중에 일본과 미국에서는 어떤 앱이 있고 어떻게 쓰이는지 보았는데 스마트폰에서 음식을 쉽게 주문하고 싶은 니즈였고 이게 배달의 민족 시작이었다. 하루 8개 포스팅으로 IT기업에서 살아남았고, 가장 인기 있는 기업의 CEO가 되었다. 꾸준함을 키우기 위해 자신만의 훈련을 정하고 오랫동안 실천하면 성장에 대해 느낄 때가 올 것이다.

또 김 대표가 생각하는 꾸준함에 대해 <세상을 바꾸는 시간 15분, 세바시>를 통해 듣게 되었다. 그는 스스로를 '과시적 독서가'라고 한다. 없어 보여서 '있어 보이려고' 책을 읽기 시작했다는 김 대표. 페이스북에 책 읽는 것을 올리기 시작했다. 일주일에 한 번씩 올려봤는데 처음에는 대개 어색했다고 한다. 그래도 계속 올리다 보니 다음 주에는 뭘 올리지? 이런 걱정이 들었단다. 그래서 1주에 한 권씩 계속 읽게 된 것이다. 그러다가 읽는 책의 분야도 다양해졌다. 안 올릴 때면 주변 사람들이 왜 안 올리냐고 물어보기도 하였다. 그래서 또 올리게 되었다. 그렇게 해서 페이스북에 10년 가까이 책을 읽고 올리게 되었다. 누군가에게 보여주기 위해서 시작한 책 읽기가 10년을 지속했다. 처음에는 자기모습이 아니었는데 오랫동안 지속하니 이제는 '자기모습'이 되었다고 말한다. 그래서인지 언론에서도 인정한다. '김 대표는 자칭 타칭 독서광이다'라고. 독서광도 꾸준함으로 이루어낸 승리인 것이다. 김 대표는 사장이 되고 싶은 사람들에게 '꾸준함, 소명의식, 최고가 되기 위한 노력'을 강조했다. 여기서 꾸준함은 몸에 배어 있어야 하고, 시작한 일은 좋아할 때까지 끝까지 하는 것이라고 했다. 그리고 오래 지속하기 위해 소명의식을 가져야 한다는 것이다.

"신발 정리하는 일을 맡았다면 신발 정리를 세계에서 제일 잘할 수 있는 사람이 되어라. 그렇게 된다면 누구도 당신을 신발 정리만 하는 심부름꾼으로 놔두지 않을 것이다." 일본 한큐철도 설립자인 고바야시 이치조의 말이다. 김 대표는 고바야시 이치조의 말을 인용하면서 신발 정리와 같은 아주 작고 사소한 것도 끊임없이 최고가 되기 위해 노력하면 위대한 기업도 만들 수 있다고 했다. 전 세계에서 전단지를 가장 잘 주울 수 있는 사람이 되었더니 김 대표의 사업이 점점 커졌듯이⋯ 그대들 역시 주변의 사소한 일 중에 최고에 도전할 것을 찾고 끊임없이 노력하길 기대한다. 그런 정신이 취업을 준비하는 그대들에게 필요하다.

5

패션기획 MD_ 임윤주/스튜어디스_ 아이린

　　취업에 성공하여 현재진행형의 삶을 살고 있는 보통의 두 여자. 취업을 준비하는 그대들 중 누군가에게 취업의 방향을 잡아줄 등대와 같은 삶이 될 것이다. 먼저 어릴 적부터 좋아한 패션디자인을 취업으로 이어간 임윤주(가명, 女) 씨가 있다. 그녀는 4년제 대학에서 테크노아트학부 문화디자인을 전공하고 의류학을 부전공으로 하였다. 현재 패션업계 중견기업에 취직하여 기획팀에서 근무하고 있다. 어릴 적부터 패션디자인에 유독 관심이 많았던 그녀는 종이에 스케치를 하고 마음이 가는 대로 색칠을 해가며 관심을 키워나갔다. 대학과 전공을 선택해야 하는 시기가 되었을 때는 좋아하는 것을 전공과 연계하기 위해 고민하였다. 모 대학의 문화디자인과와 생활디자인과를 동시에 합격했는데 그녀는 선택의 갈림길에서 문화디자인과를 택했다. 시대 흐름의 방향이 문화디자인과라고 판단하였기 때문이다. 그때의 판단에 대해서는 대학에서 전공 공부를 하면서는 잘 느끼지 못했다. 그렇지만 취업준비를 하면서 전문성에 대한 부분에서 바라보는 채용담당자들에게는 또 다른 시각 차이가 있음을 알게 되었다. 물론 의류학과에서 부전공을 하였지만 말이다. 현실을 제대로 파악하지 못한 선택이었을까? 현실과 이상은 차이가 있었다. 그러나 그녀는 불리한 여건을 딛고 취업의 문턱을 넘기 위해 한 방향으로 집중했다. 어릴 적부터 관심이 많았던 패션디자인 일을 할 수 있는 회사의 문을 두드렸던 것이다. 전공 선택에서 후회는 되지만 이것은 되돌릴 수 없는 현실이 되었다. 그래서 전공의 단점을 보완하기 위해 인턴생활로 직무 경험을 쌓기로 했다. 실력으로 인정받기로 한 것이다. 결국 신세계인터내셔날과 코오롱 패션에서 기획팀 인턴생활을 하게 되었다. 악착같이 인턴생활을 하면서 실무 경험을 쌓았다. DDP에서는 2개월간 큐레이터로 활동을 하였다. 졸업 전에는 서울디자인재단 기획팀에서 계약직으로 1년을 근무하였다. 정말 성실하게 근무하였다. 또한 아무리 바쁘고 어려운 일을 하면서도 웃음을 잃지 않았다. 그리고 자신의 일을 미루거나 떠넘기지 않았다. 이렇듯 매사에 적극적이고 성실히 임하는 그녀의 근무 자세는 상사나 주변 사람들로부터 좋은 평가를 받았다고 한다. 그래서 회사가 계약직을 정규직으로 전환하는 시기에 정규직 권유가 있었지만 여러 조건 때문에 그만두게 되었다. 대신에 그 경험을 가지고 패션업계 대기업의 문을 두드렸다. 그러나 최종 면접에서 탈락의 아픔을 겪고말았다. 탈락하는 사람들이 그 이유를 알 수 없듯이 그녀도 탈락의 이유는 정확히 알 수 없었다. 어쨌든 대기업의 문턱이 높음을 새삼 깨달았고 결과에 승복할 수밖에 없었다. 그래서 취업의 목표를 중견기업으로 바꾸었다. 누구나 선망하는 대기업 입사가 목표이지만 현재 상태로는 어려움이 있다면 한 계단 한 계단 올라가는 방법밖에 없었다. 중견기업에서 실력을 쌓고 대기업 경력직에 도전해볼 수 있으니까. 중견기업에 도전해서 두 개의 중견기업에 합격했으나 고민이 많았다. 보수는 많지만 워라밸이 없는 회사냐? 아니면 보수는 다소 작지만 워라밸이 가능할 것 같은 회사냐? 이것이 문제였다. 초봉 5,200만 원은 작지 않은 금액이었으니까 고민이 될 수밖에 없었다. 결국 그녀는 보수는 다소 작지만 워라밸이 가능할 것 같은 회사를 택했다. 물론 입사를 해보니 생각했던 워라밸이 쉬운 것이 아니었다. 그녀가 선택해서 실력으로 입사하여 좋아하는 일을 하게 된 것은 맞지만, 패션업계의 특성이 생각했던 워라밸을 기대할 수 없었다. 워라밸이 아니라 '워라하'를 추구해야 했다. 그녀는 좋아하는 일을 미치도록 열심히 한다, 후회 없이. 최고가 되기 위해서다. 또 다른 도전을 위해. 그녀에게 안부 전화하는 것도 업무에 방해가 될까 봐 부담스러울 정도로 열심히 한다. 시간이 지나면서 그녀는 풍요로운 삶과의 조화를 꾸려나가는 방향으로 삶의 모습을 만들어갔다. 그렇게 일하다 보니 계장으로 승급이 되었다. 또 다른 꿈을 향해 현재를 즐기면서 성실히 그 직분의 책임을 다하며 성장해가는 그녀를 응원해본다. 한번은 기회가 되어 그녀가 취업에 성공할 수 있었던 강점이 무엇인지 물어보았다. 그랬더니 이런 답변이 왔다. "하고 싶은 분야와 업무가 확실했던 것이요. 그래서 경험이나 공부, 관심 분야로 보여주기에 유리했어요. 그리고 잘 웃고 적극적인 태도도 유리하게 작용했던 것 같아요." 어릴 적부터 좋아했던 것을 전공과 인턴 경험, 직무까지 연결해서 살아온 결과가 채용담당자들의 눈에 띄었던 것이다. 그런 그녀에게 취준생들에게 한마디 해준다면 어떤 말을 해주고 싶냐고 했더니 그녀는 단호하게 얘기했다. "조급해하지 말고 되도록 더 오래 본인이 재미있게 일할 수 있는 분야나 직무군으로 준비하고 지원했으면 해요." 그러면서 덧붙였다. "개인적으로 친한 동생이나 후배들한테 가장 해주고 싶은 말인 것 같아요!"

또 한 명의 여자, 외국계 항공사에 당당히 취업에 성공하여 스튜어디스로 활동하는 아이린 씨. 그녀의 어릴 적 꿈을 이룬 것이다. '탑승객이 목적지까지 안전하고 쾌적하게 이동할 수 있도록 기내에서 각종 서비스를 제공하는 사람'이 된 것이다. 대학에서 중국어를 전공한 그녀는 야심차게 아시아나항공에 첫 입사 지원서를 제출했다. 그러나 결과는 탈락. 아픔이 컸을 것이다. 그러나 외형적으로 약해 보이는 것과 달리 그녀의 성격만큼은 달랐다. 사람은 정신으로 산다고 했다. 그녀를 보면 그걸 느낀다. 집안의 맏딸로 태어나서인지 책임감도 강하고 성실해서 끈기 있게 일을 추진하는 성향이다. 첫 도전 실패에도 의기소침하지 않고 여러 가지 준비를 더 했다. 그러다가 직무 경험을 해야겠다는 생각이 들었으나 현실은 그런 경험을 하기가 쉽지 않았다. 그러던 중 스튜어디스의 하는 일을 생각해 보니 꼭 항공사에서 직무 경험을 할 필요는 없다는 것을 알았다. 그 비슷한 직무를 경험할 수 있으면 되겠다 싶어서 크루즈를 선택했다. 그래서 미국 로얄캐리비안 크루즈에서 6개월을 근무했다. '감성 서비스 인'이 되고 싶었다는 그녀는 크루즈에서 다양한 경험을 통해 직무 역량을 쌓을 수 있었다. 크루즈에서 근무할 때의 일이었다. "한 승객 아이가 물안경을 잃어버렸어요. 어떻게든 찾아주려고 매일 최선을 다했어요. 그런 저의 모습에 감동했는지 그 승객이 매일 찾아와 인사를 하더라고요. 그러다 보니 친해지기도 했죠. 결국 마지막

날 잃어버린 물안경을 찾아서 건네주게 되었어요. 이런 자그마한 행동에 감동한 그 승객분은 진심 어린 서비스에 감동했다며 칭찬 편지를 주더라고요. 제가 감동했어요. 이때 깨달았죠. 사소한 서비스가 고객에게는 큰 감동으로 전해진다는 것을요." 책임감은 주인의식에서 나온다. 아마 크루즈에서의 근무를 단순히 항공사 취직을 위한 직무 경험을 하는 정도로만 생각했다면 큰 깨달음이 없었을 것이다. 6개월이라는 한시적 근무이지만 크루즈의 정직원이라는 주인의식에서 나온 책임감이 한 승객으로부터 칭찬 편지까지 받는 결과를 낳았던 것이다. 또 한 번은 새로 개점한 레스토랑에서 아르바이트할 때의 일이었다. 개점한 레스토랑이라서 홍보, 메뉴 구성 등에서 아이디어들이 필요했다. 비록 아르바이트로 일하는 곳이었지만 적극적으로 개입해서 새로운 아이디어를 많이 제시했다. '나는 내가 일하는 곳의 주인이다'라는 생각을 항상 가지고 살아가는 삶의 태도였다. 그 결과 레스토랑은 손님이 계속 늘어났고 좋은 결실을 맺게 되었다. 그 기억이 보람에 남는다는 그녀.

두 평범한 여자처럼 자기가 좋아하는 일에 열정을 쏟고 간절함으로 도전을 한다면 방법이 떠오른다. 생각의 축복을 받는다. 목표가 정해졌다면 이곳저곳을 기웃거리지 말고 한 방향에 집중해야 한다. 그리고 자기가 좋아하는 일을 더 좋아하게 만들고 지속하게 해주며, 기업에 필요한 인재로 남기 위해서는 스펙보다 그대의 진짜 모습을 보여주는 Basic을 갖춰야 된다.

6

조이 187 대표_ 조준원

　청담동 TOP 헤어디자이너 '준쌤', 그를 만났다. 카톡으로 보내준 길 안내에 따라 지하철역에서 내려 걸어갔다. 건물 안으로 들어가니 카운터에 서 있던 어떤 여자분이 쳐다보았다. 미용 손님은 아닌 듯한 사람이 찾아오니 조금은 어리둥절한 것처럼 보였다. "조준원 대표님을 만나러 왔습니다" 하고 찾아온 목적을 이야기하였다. 잠시 뒤 익숙한 얼굴이지만 낯선 차림으로 나타나는 남자. 특유의 환한 웃음으로 반기며 인사를 하는 준쌤이었다. 여전히 긍정의 에너지를 발산하며 살아가는 모습이 너무나 좋았다. 준쌤과의 인연은 오래되었다. 대한민국 남자라면 군복무를 해야 하는 그때, 준쌤은 최전방 GOP 부대로 배치되어 왔다. 그때 대대장과 병사로 만났다. 그게 인연의 시작이었다. 준쌤, 아니 조준원 병사는 동반 입대한 친구가 있었다. 마술 특기를 갖고 있는 두 병사가 서로 의지하며 건강하게 군복무를 마치기 위해 함께 입대하여 대대원으로 온 것이다. 어느 날 조준원 병사가 친구와 함께 나를 찾아왔다. 커피 한 잔 마시며 찾아온 이유를 들어보았다. "대대장님, 저희 둘은 마술을 잘합니다. 전역 후에도 마술을 할 것인데 군에서 마술할 기회가 있으면 좋겠다는 생각이 들었습니다. 그래서 주말에 병사들을 면회 오는 분들께 마술을 보여드리면 좋겠다는 생각이 들었습니다. 저희도 좋아하는 마술을 해서 좋고, 면회객들은 마술을 보고 즐거운 시간을 보내서 좋은 아이디어라 생각되어 이렇게 말씀드리고 허락받으러 왔습니다." 이 말을 듣는 순간 너무나 대견스러웠다. 그렇지 않아도 어떻게 하면 면회 분위기를 개선해볼까 고민하고 있던 차였다. 구체적인 계획을 듣고 나서 주말 면회객을 대상으로 하는 마술을 허락해주었다.

첫 번째 시행 후 다시 찾아왔다. 무슨 요구사항이 있어서 온 것인지 물었다. 들어보니 요구사항이 아니었다. 면회객을 대상으로 마술을 처음 시행해보고 피드백을 한 결과를 보고하러 온 것이었다. 마술을 보여준 다음 설문을 받고 그 설문에 나온 내용을 가지고 다음에는 어떻게 보완할 것인지 검토한 것에 대한 설명이었다. 요구한 것도 아닌데 스스로 구상하고 행한 것에 대한 피드백을 하고 있었다. 자기가 잘할 수 있는 것으로 조직에 기여하기 위해 노력하는 사람이야말로 조직에 필요한 사람인데 그들이 그랬다. 그것도 스스로 할 수 있는 일을 찾아서 자발적으로 하겠다고 나선 점이 돋보였다. 마술사의 등장은 주말에 면회를 온 분들께는 큰 선물이 되었다. 분위기도 좋았고, 부대에 대한 인식도 좋게 하였다. 나중에 안 사실이지만 면회객을 대상으로 한 마술을 하게 된 이유가 또 하나 있었다. 서로 같이 군대생활을 건강히 마치고 전역하자고 해서 들어왔는데 그는 적응을 잘하고 있는데 친구는 조금 힘들어하고 있었다고 한다. 그래서 힘들어하는 친구를 위해 여러 가지를 고민하다가 마술을 생각하게 되었다는 것이다. 탁월한 생각이었다. 마술을 준비하면서 대화도 많이 하고, 즐거움과 보람을 느끼게 되었다고 했다. 그러면서 자신감도 서서히 찾아갔다는 것이다. 두 병사의 주말 면회객을 대상으로 한 마술쇼가 사단에 소문이 났다. 더 많은 사람들에게 그런 활동을 해주길 기대하는 소리들이 들렸다. 결국 조준원 병사와 친구는 사단으로 차출되어 가서 보다 많은 사람들에게 기쁨을 주었고 그들 또한 더 큰 보람을 찾으며 생활했다. 그들의 생각대로 모든 것이 잘되어 건강히 전역하게 되었다.

전역 후 한동안은 가끔 연락하는 정도였다. 너무 인상 깊게 군복무를 하고 전역했던 병사여서 잊지 않고 있었다. 그러던 어느 날, 마술을 그만두고 헤어디자이너 수습 중이라는 소식을 듣게 되었다. 수습하는 동안에는 찾아가 보지 못했다. 몇 년이 지났을까? 연락이 되었다. 청담동 '준쌤'의 등장이었다. 청담동 TOP 헤어디자이너 준쌤의 지금의 모습이 한순간에 만들어진 것이 아님을 알 수 있었다. 군대생활을 했을 때의 모습과 50여 명의 헤어디자이너 직원과 함께하는 모습 속에서 동일하게 느껴지는 무언가가 있었다. 그 무언가가 현재의 준쌤을 만들어낸 것이다. 나는 준쌤의 어제와 오늘의 모습을 보면서 그만의 업을 찾을 수 있었던 이유를 강점에서 찾았다. 그것은 준쌤의 온몸에 배어 있는 가식 없는 태도이다. 도전, 열정, 책임, 성실, 매너, 배려라는 성공요인을 갖추고 있었다. 나는 이것을 Basic이라고 한다. 한 가지를 보면 열 가지를 알 수 있다고 했던가? 준쌤이 그런 사람이다. 군 생활했던 모습을 보니 사회생활도 잘할 것이 분명했다. 적중했다. 마술사로서 많은 돈을 벌 수 있는 자격을 갖추고 있었지만, 마술사를 그만두고 헤어디자이너로 변신한 준쌤. 마술도 손 기술이 필요하고, 헤어디자이너도 손 기술이다. 마술사를 그만두고 헤어디자이너가 되기까지 쉬운 길은 아니었을 것이다. 수습생의 생활을 하며 현재의 실력을 갖추고 독립하기까지 얼마나 어려움이 많았겠는가? 그 어려움을 잘 이겨내고 실력을 갖추었다. 그리고 자신만의 이름을 걸고, 세상에 나왔다. 청담동의 본점을 운영하며 지방에도 준쌤의 이름을 건 2호점을 냈다고 했다. 어느 손님의 머리 손질하는 모습을 보았다. 색깔, 스타일을 확인한 다음 능수능란한 손놀림으로 손님의 머리카락을 손질해나갔다. 카드 마술할 때 보았던 빠른 손놀림을 보는 것 같았다.

마술사 조준원에서 헤어디자이너 사업가로 변신한 준쌤. 이것이 가능할 수 있었던 이유는 새로운 길을 향한 도전과 열정이다. 그 도전과 열정이 마음속에 흐르며 온몸에 익혀져 그 자신을 더욱 빛나게 만들어주고 있는 것이다. 그것이 Basic이고 그 Basic이 준쌤을 만들어낸 것이다. 손재주가 있으니 헤어디자이너로서의 기술은 어렵지 않게 배울 수 있었을지도 모른다. 그러나 기술이 있다고 해서 헤어디자이너로 자리매김하기는 어려운 것이 현실이다. 남을 위할 줄 알고, 자기를 다스릴 줄 아는 Basic이 지금의 준쌤을 만들어냈고, 앞으로도 성장해가는 준쌤이 될 것으로 믿는다. 왜? 준쌤은 그만의 Basic을 잘 갖추고 있고 사용하는 방법도 잘 알기 때문이다. 목표 도달과 지속적인 성장을 가능케 하는 Basic이다.

Basic에 미치면
바뀌는 것들

1

취업용 자아에서 벗어난다

'취업준비생의 83%, 자기소개서에 거짓 내용을 쓴 적이 있다.'
-취업 정보 사이트 '잡코리아'

한때 인기리에 방영된 드라마 <스카이 캐슬>을 보았거나 이야기를 들어보았을 것이다. 그 드라마에서 엄마들이 자식을 명문대에 보내고 싶어 애쓰는 것이 하나 있다. '영재의 포트폴리오'가 그것이다. 명문대에 합격한 학생의 포트폴리오를 확인하고 그에 맞춰 준비하고 싶은 마음에서다. 드라마의 내용이지만 합격하고자 하는 부모나 학생의 마음도 동일할 것이다. 드라마는 대학입시를 묘사하고 있지만 이 모습이 취업준비의 현장에서도 동일한 것 같다. 취준생들은 취업에 성공한 사람들이 어떻게 준비했는가를 확인하려고 한다. 그리고 그대로 따라 하려고 한다. 그러다 보니 '자소서'가 아닌 '자소설'이 등장하게 되었다. 이것은 한 번의 기회라도 잡아 합격률을 높이기 위한 취준생들의 간절함이 거짓이나 과장된 글로 표현된 것이다. 그대들도 자소설을 써야 하는 현실이 싫을 것이다. 자소설로 서류 통과는 할지 몰라도 이후 증명 과정에서 들통이 날 것이 뻔한데도 쓸 수밖에 없는 현실이 씁쓸할 뿐이다.

잡코리아에 의하면 '대학생 88.9%가 겨울방학에 알바를 할 것'이라고 한다. 4년제 대학 재학생 1,063명을 대상으로 <겨울방학 아르바이트 계획>에 대한 설문조사를 실시한 결과였다. 대학생 5명 중 4명이 아르바이트 계획을 세우고 있는 셈이다. 주목할 만한 내용은 아르바이트를 하려는 이유이다. 조사 결과 주된 이유는 '생활비와 용돈 벌기'로 77.9%를 차지했다. 이 외에는 '여행경비 마련을 위해'가 30.3%, '사고 싶은 물건이 있어서'가 26.3%, '등록금 마련을 위해' 20.2%, '겨울방학을 보람차게 보내기 위해' 14.6%, '취업에 도움 될 경험을 위해' 13.5%, '하고 싶은 분야의 일을 경험하기 위해' 13.2%, '규칙적인 생활을 위해' 10.6% 순이었다. 어찌 보면 당연한 이유들이 높은 비율을 차지하고 있다. 개인적인 상황들이 다르기 때문에 아르바이트하는 이유를 놓고 잘잘못을 얘기하자고 하는 것이 아니다. 나는 취업을 준비하는 그대들에게 멀리 보고 목적을 놓고 생각하고 행동하라는 것이다. 어차피 하는 일은 동일하다. 아르바이트하는 것. 생활비와 용돈을 벌기 위해 아르바이트를 하는 학생과 취업에 도움 될 경험을 하기 위해 아르바이트를 하는 학생은 어떤 차이가 있을까? 나는 분명 차이가 있다고 본다. 보는 눈이 달라진다. 생활비와 용돈을 벌기 위해 아르바이트하는 학생은 채용된 순간 목적을 달성한 것이나 다름없다. 끝까지만 한다면. 손님이 오면 물건 값을 계산하고, 주인이 하라는 것을 하면 되는 것이다. 이 학생에게 아르바이트는 어느 정도 가치가 있을까? 반면, 취업을 목적으로 아르바이트를 한 학생의 모습을 그려보자. 취업하고 싶은 회사나 직무를 어느 정도 결정하고 아르바이트 경험을 하는 경우라면 사람 대하는 법, 출근과 퇴근의 마음자세, 불편하거나 더 좋게 개선할 점 등에 더 신경을 쓸 것이다. 생각이 가는 곳에 눈이 가고 눈이 가면 비로소 보인다. 보인 것은 깨달음으로 이어지고 그 깨달음은 아르바이트의 목적을 이루게 해줄 것이다. 물론 일에 대한 대가는 당연히 받을 것이다. 이 아르바이트 경험을 가지고 입사 지원을 위해 준비한다면 어떨까? 전자는 자소설을 쓸 가능성이 크다. 단순히 아르바이트를 했다라고 기록할 수는 없기에 그 일을 하면서 무엇을 느꼈고, 그 느낀 점을 지원한 회사에 어떻게 적용할 것인지 써야 하기 때문이다. 결국 '진짜 나'가 아닌 '취업용 자아'를 만들어내게 되는 것이다.

'자소서 대필 신청 받습니다.'
인터넷에 자소서 대필을 해준다는 글들이 많다. 어떤 블로그에는 대필능력을 어필하기 위해서인지 카톡상 주고받은 내용을 캡처해서 올려놓기도 했다. "메일 보내드렸습니다." "확인했습니다. 외부라 깊이 있게는 못 봤지만, 전체적으로 매끄럽고 적당히 잘 포장해주셨는데요. 감사합니다! 저녁쯤 전체적으로 다시 한번 살펴본 후에 수정사항 보내드리겠습니다." "어제 보내주신 자소서 워낙 잘 포장해주셔서 아주 간단히만 수정해서 바로 지원했습니다. 다음번에 도움 필요할 때 다시 문의드리겠습니다. 감사합니다." 지원 결과는 알 수 없지만, 대필로 잘 포장된 자소서를 약간의 수정을 하고 지원한 취준생의 사례이다. 자소서는 그대들 자신의 진짜 인생을 녹여서 기업의 가치와 일치되게 써야 된다. 그런데 목적과 방향성 없이 지내다 보면 부실한 자소서가 되고, 취업 욕심에 의해 자소설이 될 가능성이 커지게 되는 것이다. 결국 그 자소서는 그대들 자신의 이야기가 아닌 남의 이야기를 담고 있는 타소서(타인 소개서)가 되는 것이다. 이러한 문제를 극복하려면 어떻게 해야 될까? Basic에 미쳐야 한다. Basic이 자소서의 근간을 이루고 Basic이 자소서를 실감 있게 만들어준다.

'자소설'이 아니라 '자소서'다. 다른 사람의 포트폴리오를 따라 해서는 안 된다는 것이다. 자기만의 Basic에 미쳐 살아야 된다. 그렇게 살다 보면 진실한 자아를 발견하게 될 것이다. 그러면 시간만 보내다가 취업 자아를 만들어서 회사에 지원하는 어리석은 일을 하지 않아도 될 것이다. 취업도 힘든 현실인데 자소서에 시달리며 살아가는 청년들의 고충은 이만저만 아닌 것 같다. 돈도 못 버는데 100만 원짜리 자소서를 구매해야 하는 청년들의 현실이 가슴 아프다. 그러니 가능한 일찍부터 Basic에 미쳐라. 그래야 Basic이 만들어준 스토리로 자소서에 쓸 내용이 많아지고 취업용 자소서에서 벗어나게 될 것이다.

2

나만의 컬러스토리로 도전한다

최근에 이호정 저자의 『사고 싶은 컬러 팔리는 컬러』라는 책이 베스트셀러가 되었다. 책에서 저자는 사고 싶은 컬러 팔리는 컬러의 8가지 법칙을 제시하였다. 그중에서 '타깃 고객의 취향을 기준으로 컬러를 선택한다'는 법칙이 있다. 저자는 '컬러 선택의 기준은 최종 결정권자도, 직원 과반수의 취향도 아닌 구매자의 취향이어야 한다. 비즈니스 현장에서는 생각보다 컬러를 결정해야 할 일이 많다. 최적의 선택을 위해 우리는 컬러가 어떤 의미이며 어떤 역할을 하는지 알아야 한다'고 하였다. 제품은 구매자의 취향을 고려해야 하는 것이 당연하다. 잘 팔리기 위해서다. 사는 사람의 입장에서 컬러를 선택하고 결정하는 것이다. 이런 관점으로 취업시장을 들여다보자. 취업은 취준생들의 취향에 따라 지원하지만 취업을 원한다면 컬러 선택은 채용담당자들의 취향이어야 한다는 것이다. 제품과 취업이 다른 점이 있다면, 제품의 컬러는 밖으로 드러난 것이지만 취준생의 컬러는 내면의 컬러라는 것이다. 발타사르 그라시안은 이렇게 말하였다. "어리석은 사람은 밖으로 드러나 보이는 자신의 외모를 자랑하지만, 지혜로운 사람은 본성에 더욱 신경을 쓴다." 나는 이 본성을 Basic이라 하였다. 공개채용에서 수시·상시채용으로 바뀌어가고, 학벌 중심에서 역량 중심으로 변해가는 채용시장의 변화에서 살아남으려면 어떻게 해야 할까? 스펙이라는 외모보다 Basic에 신경 써야 한다. 그리고 무지개 7가지 색을 모두 가진 인재가 아닌 그중에서 뚜렷한 1가지 색을 가져야 한다. 왜냐하면 기업은 무지개 색 중 결원되었거나 충원이 필요한 1~2가지 색을 필요로 하기 때문이다. 그러니 7가지 색을 모두 갖추기 위해 노력할 것이 아니다. 그대만의 색, 한 가지를 갖추기 위해 노력해야 한다. 어떤 채용전문가는 "과거에는 많은 사람을 뽑는 그물형 채용을 선호했지만, 최근에는 직무에 적합한 인재를 뽑는 작살형 채용이 많다"고 설명한다. 맞춤형 인재를 구하고 있다는 것이다. 그래서 가능한 한 일찍부터 자기만의 강점을 발견하고 그 강점을 극대화시킬 수 있는 방향으로 그대만의 색칠을 해나가야 한다. 그대 내면의 본성을 잘 들여다보면 아직은 희미하게만 보이는 색깔이 있을 것이다. 그 색깔을 찾을 수 있게 만들어주는 것이 Basic이다. Basic을 통해 자기만의 컬러를 선명하게 만들어가는 과정이 필요하다.

보여줘! 그러기 위해 Basic에 미쳐야 하고, 그러기 위해 책상 앞에만 앉아 있어서는 안 된다. 어느 인사팀장은 "지원하려는 회사는 어떤 회사인가? 하고 싶은 직무는 무엇인가? 직무 수행을 위해 어떤 준비를 했는가?"에 대해 보여줘야 한다고 말했다. 이것을 보여주기 위해서는 책상에서 해결이 안 된다. 그대만의 컬러를 만들기 위해서는 그대만의 방법으로 뛰어야 한다. 그렇게 준비한 그대만의 역량이 지원한 직무에 적합함을 보여주면 된다. 그리고 그 직무를 통해 회사에 기여할 수 있는 부분들을 보여줘야 한다.

인터넷 아시아경제에서 강점을 살려 취직에 성공한 이야기를 보았다. 중국어를 특화시켜 중견업체 구매담당부서 취업에 성공한 사례였다. 그는 서울 소재 사립대 경영학과를 졸업, 학점은 2점대 후반, 토익은 700점대로 이력서만 200장을 낸 평범한 취준생이었다. 50여 군데에 이력서를 내고도 불러주는 곳이 없어 고민하다 자신만의 강점을 떠올리게 되었다. 평소 중국에 관심이 많아서 아르바이트로 번 돈을 가지고 중국 여행을 했다. 중국어 학원, 중국어 스터디 모임, 중국어검정시험(HSK) 9등급으로 중국어를 무기로 삼았다. 그래도 취업이 안 되는 것은 마찬가지였다. 답답한 마음에 찾은 취업 컨설팅사에서는 "중국어 실력이 뛰어나긴 하지만 다른 스펙을 종합적으로 봤을 때 2년제 대학 졸업자 수준"이라고 했다. 낙심되었다. 그런데 우연히 만나게 된 대기업 인사과에 근무하는 학교 선배와의 만남에서 그 선배는 자기소개서를 보고 충고를 해주었다.

"특징 없는 자기소개서를 누가 보겠느냐? 세상에서 단 하나뿐인 독특한 자기소개서를 만들어봐라."고 했다.

그래서 중국 여행 경험과 지원 직무와 연결시키고 어떤 역할을 할 수 있는지를 보여주었다. 그러면서 지원 회사는 중국 현지 근무자를 뽑는 회사를 선정하여 집중 지원하였다. 그리고 면접도 자신의 중심으로 끌고 나갔다고 한다. 그 결과 취업에 성공했는데 "무엇보다 세상에서 유일무이한 나만의 장점을 보여줄 수 있는 능력을 찾아보면 취업에 도움이 될 것"이라고 말했다. 200번의 좌절 끝에 자기만의 강점을 가지고 자기만의 컬러스토리를 만들어내어 취직에 성공한 것이다.

채용담당자들이 '사고 싶은 컬러'는 무엇인가? 구직자 그대만의 '팔리는 컬러'는 무엇인가? 이 두 가지 질문에 답을 일치시키는 것이 취업의 길이다. 그 방법은 Basic에 달려 있다. 그러니 Basic에 미쳐라. 그럼 그대만의 강점 Basic으로 사고 싶은 컬러, 팔리는 컬러로 스토리를 만들 수 있다.

3

스펙에 스토리를 입힌다

"자신을 세일즈하는 능력이 성공과 실패를 가른다."

-피터 틸, 『제로 투 원』의 저자

인터넷에 올라온 어느 기고문을 보았다. 1,000대 기업의 신입직 합격 스펙을 분석해보니 3년째 오름세라는 것이었다. 채용의 공정성 확보를 위해 블라인드, AI 채용 등을 시도하고 있는데 합격 스펙은 왜 오름세일까? 잡코리아에서 1,256명의 합격 스펙을 분석한 결과다. 졸업학점 3.7점으로 지난해와 같은 수준, 자격증 보유자 73.7%로 지난해보다 6.6% 증가, 토익은 836점으로 크게 증가, 해외체류경험자도 5.4% 증가한 38.6%이다. 특히 인턴십 경험자는 42.2%로 작년 기준 7.1% 증가했다고 분석했다. 이 데이터는 무엇을 보여주고 있는가? 기고자는 스펙 초월 트렌드의 확산으로 취업 불안감이 높아져 스펙을 더 높이려 한다고 하였다. 과연 그럴까? 일부는 그럴 수 있다고 본다. 그러나 나는 그대들에게 다른 면을 얘기하고 싶다. 스펙을 더 높이려 했다기보다는 스펙에 스토리를 입힌 효과가 취업의 결과로 나온 것이 아닐까? 단순한 자격증 획득, 인턴십 경험이 취업으로 이어진 것이 아니라는 것이다. 자격증 획득 과정에서, 인턴십 과정에서 발휘된 자신만의 Basic이 있는 것이다. 그것이 시간과 함께 축적되었다. 축적된 결과가 스토리를 만들어냈고, 그 스토리가 끌림을 만들어낸 것이다. 스토리는 Basic이 만들어낸다.

106대 1의 '노스펙' 전형에 뽑혀 경기도 청년비서관이 된 모경종 씨가 화제에 올랐다. 그는 "아무 연고나 연줄도 없는 내가 뽑히면 이 채용은 진짜라고 했는데 정말 뽑혔다. 제대로 활용한다면 열정과 실력을 평가할 수 있는 채용 방식인 것 같다"라고 얘기했다. 인 서울 4년제 대학 출신, 어문계열 전공, 행정고시 공부가 그의 스펙이다. 보잘것없는 스펙으로 청년비서관에 뽑힐 수 있었던 것은 무엇일까? 그의 삶을 토대로 한 청년정책의 제안이 눈길을 끌었을 것이다. 취업준비 간에 겪은 설움과 월세를 깎기 위해 전전긍긍했던 일, 가까스로 옮긴 방에서는 벌레가 나오고 쪼개기 채용에 눈물을 흘려야 했던 시절 등을 청년비서관 채용에 맞게 스토리화 했을 것이다. 그리고 그가 제안한 청년정책 또한 본인의 암울한 청년상황의 경험 속에서 나온 것이기에 강하게 어필이 된 것이다. Basic이 힘이 된 것이다.

어떻게 하면 '나'라는 상품을 잘 팔리게 할 것인가? 이것이 그대들의 숙제이다. 마케팅의 기본이 무엇인지 아는가? '내가 팔고 싶은 것이 아닌 고객이 사고 싶은 것'으로 만드는 것이다. 다시 말해 소비자 중심의 사고인 것이다. 그래서 채용시장에서는 그대들을 채용하려는 채용자 중심의 사고로 자신을 보아야 한다. '왜 채용자들은 나를 뽑지 않지? 나에게 관심을 갖게 하는 마케팅이 부족한가?' 스스로 진단해보아야 한다. 채용자의 입장에서, 면접관의 입장에서 들여다보아라. 그대들은 그대들 자신을 채용할 수 있는가? 수많은 지원자들 중에 눈에 띄게 마케팅이 되어 있는가? Basic 없는 스펙 중심의 마케팅은 힘이 없다. 그대들에게 채용자들의 마음이 가고 손이 가야 된다. 마케팅의 힘은 스토리이다. 그대들에게 스토리가 필요하다.

남들은 불필요해서 버린 쓰레기에 스토리를 담아 팔리는 제품을 만들어낸 사람들이 있다. 마커스 프라이탁과 대니얼 프라이탁 두 형제다.

"고객들은 우리가 제품을 어떻게 만드는지 이미 잘 알고 있고, 그 부분에 대해 가격을 지불하려고 합니다. 이 때문에 비싼 가방도 기꺼이 사는 것이라 생각해요. 공급받은 원단에는 스토리가 없습니다." 프라이탁을 설립한 두 형제 중 한 명인 마커스 프라이탁의 말이다. 스위스산 가방 브랜드 '프라이탁'이 잘 팔리는 이유다. 쓰레기로 만든 가방, 30만 원을 호가해도 잘 팔리는 가방. 이유를 스토리에서 찾고 있는 것이다. 트럭 방수천, 자전거 바퀴의 고무 튜브, 안전벨트가 프라이탁 가방의 재료이다. 쓰레기를 재료 삼아 만들어낸 가방이다. 그런데 거기에 희소성과 실용성을 더한 디자인에 스토리가 있으니 비싸도 잘 팔리는 스위스 국민가방으로 자리한 것이다. 중국의 어느 작은 마을에서 식료품을 나르던 차량의 방수포가 가방이 되었고, 미국 동서부를 횡단하던 차량의 방수포가 가방이 되었다. 5년 이상 된 차량의 방수포. 그 5년이라는 세월과 함께 방수포에는 스토리가 담겨 있는 것이다. 새 원단에서는 느낄 수 없는 5년 이상의 세월과 함께 담긴 스토리가 구매자의 지갑을 열게 한 것이다. 눈여겨 볼 것이 있다. 트럭 방수포가 최근 5년간 어디에서 무엇을 했는지에 대한 역사를 담은 가방이 팔리는 것이고, 거기에 고객은 사용하면서 고객 자신만의 새 역사를 더하는 것이다. 그대들도 취업 전까지의 역사를 지금까지 써왔다. 그 역사에 흥미를 갖고 거기에 또 다른 새 역사를 쓰고 싶게 만들어야 한다. 그대들이 말하는 스펙은 그 자체로는 하나의 껍데기요, 쓰레기에 불과하다. 수명이 다한 폐방수포가 쓰레기장으로 가야 될 운명이 되듯 그대들의 스펙이 쓰레기통에 버려지지 않으려면 가치를 높여야 한다. 스토리를 입혀서.

또 다른 사례를 볼까? '합격사과' 들어보았는지 모르겠다. 1991년, 일본은 태풍으로 사과 농사에 엄청난 피해를 입었었던 적이 있었다. 수확량은 평소의 3분의 1. 사과 농사가 생계인 농부들은 좌절하고 말았다. 그런데 그 엄청난 태풍에도 떨어지지 않고 매달려 있는 사과의 모습이 어느 농부의 눈에 들어왔던 것이다. 농부는 가지에 매달려 있는 사과에서 기발한 아이디어가 떠올랐다. 태풍에도 끝까지 떨어지지 않고 살아남은 사과. 그 사과를 수험생들에게 판다면? 시험을 잘 봐서 원하는 대학에 꼭 붙고 싶은 수험생들과 그 부모를 포함한 지인들의 마음을 파고들 수만 있다면? 가격은 문제가 되지 않을 것이다. 태풍에도 끄떡하지 않고 매달려 떨어지지 않고 있는 사과의 역사를 상품에 입혔다. 그 스토리가 담긴 사과를 먹으면 시험에 꼭 합격한다는 마케팅을 통해 사과를 판매했던 것이다. 그것도 10배나 비싼 가격에 팔았다. 대박이었다. 그 이름은 '합격사과’였다. 이와 같이 예전과 똑같은 사과인데 구매자의 입맛에 맞는 스토리를 담으니 비싸도 팔리는 사과가 된 것이다. 각종 제품들의 광고도 스토리를 전해주고 구매자들은 그 스토리를 사는 것이다.

스토리다. 시스템으로 돌아가는 조직에 필요한 사람으로 인식되기 위해 그대들은 그대들만의 스토리가 있어야 한다. 채용자들은 그 조직에서 필요하다고 느끼는 스토리가 담긴 그대들을 찾고 있다. 왜냐하면 스토리에는 채용담당자가 듣기 원하는 Basic이 있기 때문이다. 스토리가 그대들의 능력이고, 그대들의 매력이며, Right people 임을 나타내준다. 이제부터 그대들이 원하는 곳에 적합한 스토리를 담아내기 위해 노력해야 한다.

"나는 회사를 위해 누군가를 뽑아야 합니다. 내가 그대를 뽑을 수 있도록 내 마음을 움직여보시오. 시간은 1분 드리겠습니다." 그대에게 주어진 1분의 시간을 Basic에 미쳐 살았던 스토리로 채워라.

4

워라밸에 속지 않는다

　내가 어느 부서에서 근무할 때의 일이다. 새로운 부서로 이동을 했기에 사람들도, 분위기도, 업무도 낯선 상황이었다. 물론 기본적으로 업무에 대한 인수를 받았지만 모든 것이 낯설었다. 그러던 어느 날이었다. 오후 업무가 끝나고 저녁 식사를 마친 후 야근을 위해 사무실로 들어왔다. 사무실에는 아무도 없었다. '어! 아무도 없네. 오늘은 일찍들 퇴근했나?' 이상해서 다른 책상들을 살펴보았으나 퇴근 했을 것 같은 책상은 아니었다. 일을 하다가 잠깐 휴식을 하러 나간 듯한 책상이라고나 할까? 어쨌든 나는 부지런히 오늘 할 업무를 마무리했다. 자리 정리를 하고 나가려는데 한두 명이 사무실로 들어왔다. 퇴근하려던 나의 모습을 보고 "벌써 퇴근하는 거야?"라고 물었다. 나는 어안이 벙벙했다. 그 시간이 저녁 10시경이었다. '나는 저녁 식사를 마치고 쉬지 않고 야근을 해서 업무를 마치고 가는데 쉬다가 이제 들어오면서 벌써 퇴근하냐고 하면 무슨 말을 해야 하는 거지?' 생각이 깊어졌다. '일과 상관없이 12시까지는 퇴근하지 않고 앉아 있어야 되는 건가?' 나중에 알았지만 그때만 해도 밤늦게까지 일하는 것을 기본으로 생각했고, 당연한 것처럼 받아들였다. 그리고 상급자는 그런 모습을 좋게 평가 했던 시기였다. 그러나 나는 가능하면 일찍 일을 마치고 가족과 함께하려 했다. 일과 가정의 조화로운 삶을 위해서였다. 나중에 이런 일을 놓고 친한 선배, 동료들과 대화할 기회가 있었다. 그때 알았던 사실이 있다. 전쟁터와 같은 근무지에서 일과 가정의 양립을 위해 각자 나름대로 살아가는 방법을 추구하고 있었던 것이다. 어떤 사람은 저녁 식사를 가족과 함께 하고 들어와서 야근을 했다. 또 어떤 사람은 쉬지 않고 일을 해서 마무리를 하고 가능하면 일찍 퇴근하여 가족의 품으로 돌아가는 사람도 있었다. 각자의 스타일대로 워라밸을 위해 노력하는 모습이었다. 구체적으로 말하면, 일과 퇴근 후의 삶이 시간이라는 양적 균형을 이루는 선택이 아닌 감정적 균형을 이루는 방법을 선택하고 있었다. 근무환경이 그러해서였던 것 같다. 이것이 최근 등장한 단어인 '워라하(일과 삶의 하모니)'의 개념과 비슷하다고나 할까?

'워라밸'이란 '일과 삶의 균형을 의미하는 단어로, 워크 앤 라이프 밸런스(Work and Life Balance)를 한국식으로 줄인 콩글리시다. 대체로 잦은 야근과 장시간 노동, 이에 1인당 노동 생산성은 반비례하는 현실에서 취준생들이 일과 삶의 균형을 직장을 구하는 기준으로 삼는 행태를 뜻한다'라고 정의된다. '워라밸'이라는 단어는 40여 년도 더 오래전에 서구권에서 등장했다가 명확한 답을 찾지 못한 채 다시 우리 곁에 등장했다. 많은 사람들에게 '저녁이 있는 삶'으로 어느덧 익숙해져 있다. 서울대 소비자학과 김난도 교수는 2018년의 소비트렌드 중 한 요소로 꼽기도 했다. 김 교수의 설명에 의하면 최근 젊은이들 사이에 찾아온 워라밸과 서양의 워라밸과는 차이가 있다고 설명한다. "서양의 '워라밸'이 직장과 가정의 양립을 뜻한다면 최근 젊은 직장인 사이에선 '직장과 개인 생활의 양립'이란 의미로 쓰인다."

'2019년 사회조사' 결과에 대한 통계청의 발표에 따르면 19세 이상 국민 중 '일과 가정의 균형'을 중요하게 여기는 사람이 '가정보다 일'을 중시하는 사람 수를 통계 작성 이후 처음으로 넘어섰다는 것이다. 응답 결과를 보면 '일과 가정생활을 비슷하게 여긴다'는 44.2%, '일을 우선시한다'는 42.1%이다. 일과 가정의 균형을 중요시하는 사람은 매년 늘어나고, 일을 가정보다 우선하는 사람은 매년 감소하고 있다. 이는 일 중심 사회에서 일과 가정생활의 균형을 중요시하는 사회로 변하고 있음을 보여준다. 주 52시간제가 가져다준 워라밸은 이제 직장인들의 주된 의식구조로 자리 잡고 있는 것 같다. 이런 워라밸에 대한 의식이 취업문을 더 좁게 만들고 있다.

<뉴데일리>에서 '워라밸'에 관한 기사를 접했다. 일본에서 발생한 일에 대한 기사였다. '신입사원 워라밸 챙겼더니… 관리직이 자살했다.' 밑의 부제를 보니 이렇게 적혀 있었다. '아베 정부 '워라밸 정책' 시행 뒤 기현상 발생… '지타하라' 신조어까지 나와 '지타하라'는 '지타(時短, 시간 단축)'와 '하러스먼트(Harassment, 학대)'를 합성한 단어로, 업무량은 그대로거나 오히려 늘었는데 정부와 회사는 근무시간을 단축하라고 종용하면서 생긴 말이라고 한다. (뉴데일리 2018. 12. 4일 자 기사) 2018년 우리나라 소비트렌드 중 하나가 '워라밸'

일 때 일본 매체는 '지타하라'를 신조어·유행어 대상 후보로 선정했다고 한다. 많은 생각을 하게 하는 기사였다. 일본에서 일어나는 현상이 우리나라에는 10년 정도 뒤에 일어난다고 한다. 그렇다고 보면 일본에서 나타나고 있는 워라밸의 기현상이 우리나라에서는 2030년 정도에 나타날 것으로 보인다. '워라밸'의 부작용이 '지타하라'를 낳았다. 물론 이런 불행한 사태는 발생하지 않길 간절히 바라는 마음이다.

워라밸이 있는 직장에 취업하고 싶은 것이 모두의 마음이다. 그런데 그런 직장이 얼마나 될까? 그대들이 생각하는 워라밸을 따지다가 취업의 기회는 자꾸 사라져간다. 분명 기업의 문화는 그대들이 생각하는 방향으로 조금씩 바뀌어가고 있다. 그러나 그대들의 기대를 충족하는 기업은 많지 않다. 그러니 20대에 취업하고 싶다면 생각을 조금 바꾸자. 20대 첫 직장은 경험의 축적이 필요하다. 그런데 워라밸 따지다가 경험 없이 20대를 보내버릴 확률이 높다. 그러지 않으려면 20대의 첫 직장에서 워라밸은 조금 뒤로 미뤄놓자. 일단 취업해봐야 길이 보인다. 워라밸에 속지 말고 취업의 문을 두드려라.

5

5 · 4 · 3 · 3 · 3 법칙으로 무장한다

세계적인 경영 컨설팅 및 시스템 통합 회사인 CGEY(Cap Gemini Ernst & Young)의 부사장 프레드 크로포드는 그의 저서 『소비자 코드를 제대로 읽어라』에서 비즈니스 거래에 존재하는 5가지 특성 요소에 대해 언급하였다. 그는 CGEY에서 소비자 제품, 소매, 유통 분야를 담당하는 책임자로서 세계 각지의 많은 기업을 상대로 컨설팅을 하고 있다. 그가 말하는 내용의 핵심은 이렇다. "소비자는 무엇을 원하는가? 그리고 소비자의 욕구를 충족시켜 줄 수 있는 최선의 방법은 무엇인가?"에 대한 해답을 실례를 통해 설명하였다. 소비자가 무엇을 원하는지 제대로 이해하지 못하는 기업은 잘못된 믿음을 갖게 된다는 것이다.

잘못된 믿음이란?
'모든 분야에서 최고가 되기위해 노력해야 한다.'

이런 잘못된 믿음을 가진 기업에 그는 모든 비즈니스 거래에 존재하는 5가지 특성 요소(가격, 제품, 서비스, 접근성, 체험)를 어떻게 관리

해야 하는지 알려주고 있다. 그 핵심은 이렇다. '5가지 가운데 한 분야에서 지배 수준을 확보하라. 그리고 다른 두 번째 분야에서는 차별 수준을 달성해야 한다. 나머지 3개 분야는 업계 평균 수준을 유지해야 한다. 그래야 비로소 업계 최고의 기업이 될 수 있다'고 말한다. 이것이 5·4·3·3·3 법칙이다.

취업준비도 '지배 수준과 차별 수준, 평균 수준'으로 구분해서 해야 한다. 그런데 그대들의 취업준비 방향은 어떤가? 『소비자 코드를 제대로 읽어라』에서 언급된 최고 기업이 되고자 하는 잘못된 믿음과 비슷하다고 생각되지 않는가? 최고 기업이 되기 위해 가격, 제품, 서비스, 접근성, 체험 분야에서 모두 최고가 되려고 하는 모습이 그대들과 유사하다. 어느 것이 부족해서 떨어질지 모르니 이것저것 경험하고 자격증을 수없이 딴다. 그래도 불안하니 스펙 강화에 나선다. 영어는 올릴 수 있는 한 최고 수준으로 만들기 위해 시간과 돈과 노력을 쏟아붓는다. 그대들이 말하는 8대 스펙으로 이야기한다면 8·8·8·8·8·8·8·8 법칙(8가지 스펙 모두가 지배 수준)만이 취업에 성공할 수 있다는 논리다. 물론 이런 인재가 있다면 어디서나 환영받지 않을까 싶다. 그리고 이런 유사한 인재는 이미 취업에 성공하여 이 책을 읽을 필요도 없을 것이다. 이 책을 읽는 취준생들은 88이 어렵기 때문에 어떻게 취업준비를 하는 것이 최상인지를 고민해야 하는 것이다. 모든 분야에서 최고가 될 필요는 없다. 그렇다고 어떤 분야에서라도 평균 이하로 떨어져서도 안 된다. '평균'이라는 것은 '기업에서 요구하는 수준'이라고 이해하면 좋겠다. 그대들의 취업전략을 구상하라. 취업 전쟁터에서 왜 무작정 싸우려고 하는가? 이기기 위한 전략이 필요하다. '집중과 절약'의 원칙을 적용해라. '지배 수준'으로 만들어야 되는 것이 무엇인가? 먼저 그것에 집중해야 한다. NO.1이 될 수 있도록 노력해야 한다. 소비자는 제품에 불만족이 있어도 명확히 만족하는 한 가지가 있다면 기꺼이 돈을 지불한다. 그대들을 채용하는 회사도 명확히 회사가 원하는 인재상에 만족하는 한 가지가 있다면 그 적합성에 손을 들어줄 가능성이 높다는 것이다. 그리고 한 가지는 '차별 수준'으로 만들어야 한다. 다른 지원자들이 가지고 있지 않는 비교불가 요소를 가져라. "이런 것까지 경험했어!" "야! 이 정도의 가치를 지니고 있는 지원자가 또 있을까?" 그대들의 경험에서 회사가 원하는 가치, 그대들이 원하는 직무와 일치되는 가치를 준비해야 한다. 그것이 그대들의 무기인 것이다. 나머지는 평균 수준을 유지하라는 것이다. 이것이 '8·7·5·5·5·5·5·5 법칙'이다.

취업문이 다양하기 때문에 하나의 방향으로 규정하기는 어렵다. 직무능력을 중요시하는 취업시장에서는 그대들의 직무능력을 보여줄 수 있는 것에 지배 수준과 차별 수준을 적용해야 한다. 예를 들어 인턴 경험을 지배 수준으로 놓고 원하는 직무와 관련된 인턴 경험을 쌓으며 그곳에서 깨닫고 지원부서에 적용할 가치를 만들어내는 노력을 하는 것이다. 인턴 경험을 지배 수준으로 만들기 위해서는 직무와 연결되고 여러 인턴 경험이 직무에 집중되어야 한다. 그다음 차별 수준으로 수상 경력을 두었다면 일찍부터 그런 분야에 눈을 뜨고 직무와 연관된 대회에 관심을 가져야 된다. 그래서 다른 지원자들과 비교가 되는 결과를 갖게 된다면 채용담당자들의 눈에 들어오지 않겠는가? 그리고 나머지는 평균수준을 유지하도록 하면 된다.

그런데 평균수준 유지하는 것이 불안하여 스펙 광풍에 휘말리고 있는 현실이다. '이 정도 수준이면 된다'는 기준을 스스로 높여가며 시간과 노력을 낭비할 필요가 없다는 것이다. 그런 시간과 노력을 지배 수준과 차별 수준에 투입해야 한다. 이렇게 하면 채용담당자들의 이런 질문에 답변이 가능할 것이다.

"우리가 당신을 왜 뽑아야 합니까?" "다른 지원자들과 차별화되는 역량이 있습니까?" "당신이 지원한 직무를 수행하기 위해 어떤 준비를 했습니까?" 하나의 법칙은 방향성을 갖게 하고 목적을 잃지 않게 한다. 결국 목표에 도달하는 시간을 단축할 수 있고 노력을 절감할 수 있다. 그대들은 각자가 상황과 여건이 다를 것이다. 이제 대학생활을 시작했을 수도 있고, 대학을 졸업하고 첫 취업을 준비할 수도 있으며, 몇 번의 실패를 경험했을 수도 있다. 그대들에게 주어진 시간을 가지고 어떻게 효율적으로 준비할지 많은 고민이 필요하다. 각자의 상황은 달라도 방향은 하나다. 직무와 연결시키는 것. 그것으로부터 시작된다. 모든 분야에 최고가 되려고 하지 말고 이제 5·4·3·3·3 법칙을 적용해보길 바란다. 소비자가 무엇을 원하는지를 알고 소비자 욕구를 충족시킬 최선의 방법을 찾는 기업들의 모습에서 취업준비의 방향을 잡길 바란다. "회사가 어떤 인재를 원하는가?" "회사의 욕구를 충족시킬 최선의 방법은 무엇인가?" 취업을 준비한다면 그대들이 스스로에게 물어야 할 질문이다. 이제 답하라, 스스로에게. '나의 지배 수준과 차별 수준은 무엇인가?'

인생 밑그림을 그려낼 수 있다

2019년 어느 날, 기회가 되어 『축적의 시간』 대표 저자인 서울대학교 공과대학 이정동 교수를 만났다. 이 교수는 우리나라의 기술혁신 분야에 대해 예리한 비판과 해결책을 제시하였다. 함께한 시간에 나의 뇌에 강하게 입력된 단어들이 있었다. '축적의 시간', '개념설계', '스몰베팅', '스케일 업', '고수의 시대' 이러한 단어들에 대한 설명을 직접 들으니 책을 읽었을 때 조금 이해가 부족한 부분들이 채워졌다. 내 생각이 온통 청년들의 취업 문제에 집중되어 있다 보니 더 솔깃하기도 했다. 청년들의 문제를 다루는 데도 도움이 될 것 같았기 때문이다. 이 교수는 우리나라 산업계가 당면하고 있는 문제의 핵심키워드를 '개념설계 역량의 부재'로 뽑았다. 그는 개념설계 역량은 '시행착오의 꾸준한 축적 과정'에서 얻어진다고 말했다. 초고층빌딩 하나를 짓는 과정으로 설명한다면 건축은 '설계-구매-시공'의 단계를 거치게 된다. 이를 축약하면 '밑그림 그리기'와 그 밑그림대로 구매, 시공하는 '실행하기'로 다시 구분할 수 있다. 우리나라는 세계 최고의 빌딩을 짓는 데 있어서 실행단계는 국내 기업들이 하였으나, 밑그림 그리기단계는 외국의 선진기업들이 하였다. 결국 우리나라의 기술수준은 개념설계 역량은 부족하고, 실행역량은 우수한 것으로 평가된다.

　이 교수의 산업기술 분석을 청년 취업 문제에 적용해보니 이 또한 동일하였다. 취업준비를 하는 청년들 대부분은 취업에 대한 개념설계 역량이 부족하다는 현실을 알게 되었다. 왜 취업이 안 되는지 모르겠다는 내용의 기사와 SNS상 돌아다니는 얘기를 들여다보면 핵심은 '취업 개념설계 역량 부족'이다. 태어나서 학교에 다니는 순간 모든 스케줄이 부모와 학원에 의해 결정된다. 삶의 주체인 본인은 그 스케줄에 따라 움직일 뿐이다. 대학 입학을 위한 자소서도 유명 학원의 컨설팅을 받는다. 엄청난 돈을 내면서 말이다. 공부의 주체이며 대학 입학의 주체인 당사자 본인의 주도적 개입은 없다고 보아도 과언이 아닐 정도다. 대학에 들어가서 수업 시간표를 짜는 것도 부모가 해주는 학생도 있다니 더욱 말이 안 나온다. 그 결과인지 학점관리가 안 되어 졸업을 제때 하지 못하는 경우도 종종 발생하는 것을 보았다. 이런 성장의 과정을 거친 청년들이 회사에 취업을 하고자 하는 것이다. 대학까지는 어떻게 들어왔는데 취업의 문을 어떻게 두드려야 되는지 모르는 것이다. 거기에 설상가상으로 전공도 자기의 적성과 맞지도 않고, 좋아하지도 않은 상태다. 모든 것이 오리무중인 상태의 자기 자신을 들여다보니 세상이 어둡기만 한 것이다. 그래서 취업준비와 취업 후 직장생활도 부모의 도움을 받는 웃지 못할 일이 생기게 된다. 이게 청년들의 현실이다. 대학으로 근무지를 옮겨 많은 학생들과 대화를 나누어보았다. 하나같이 조각조각의 그림을 그리고 있었다. 이 정도는 그나마 훌륭한 학생이었다. 아무 그림도 그리지 못한 채 시간만 보내며 현실을 즐기고 있는 학생을 마주하고 있을 때는 너무도 안타까웠다.

개념설계는 백지 위에 그리는 밑그림이다. 이 교수는 글로벌 챔피언 기업의 조건은 개념설계 역량이라고 말했다. 그래서 최고의 건물을 지을 때는 개념설계 역량이 뛰어난 기업을 찾는다. 마찬가지로 취업이라는 최고의 건물을 짓고자 하는 그대들은 취업준비 개념설계 역량을 갖추어야 한다. 분명히 자기가 자기 인생의 주인인데 자기 밑그림을 누구에게 맡기고 있는 것인가? 남들은 그대들이 누구인지 모른다. 그러니 제대로 된 밑그림을 그릴 수 없다. 이런 이유로 그대들이 그대들의 취업에 대한 개념설계를 직접 해야 한다는 것이다. '나는 누구인가?'로부터 시작해서 그대들이 희망하는 회사에 뽑혀 들어가기 위한, 그리고 그곳에서 성장을 이루기 위한 밑그림을 그려야 한다. 자기가 직접 그린 개념설계에 따라 출발하면 그 과정이 방향성을 유지하고 그대들이 도전하는 모든 것들이 한 방향으로 정렬하게 된다. 그대들은 무엇을 준비해야 되는지는 알고 있다. 단지 어떻게 준비해야 되는지를 모르는 것이다. 그 답은 개념설계도에 있다.

자, 이제 그대의 인생 밑그림부터 그려보자. 그대 자신을 잘 아는 것으로부터 시작하는 것이다. 그대 인생의 밑그림을 그릴 준비가 되었는가? Basic을 통해 발견한 '나'와 '직무-회사'를 연결하며 취업 개념설계도를 그려라.

〈취업 개념 설계도〉

6	How	어떻게 준비하지?	<5·4·3·3 법칙> '지배-차별-평균 수준' 전략
↑			
5	When	언제 취업하지?	학업, 직무경험, 군복무 등 고려
↑			
4	Where	어디에서 일하는게 좋을까?	<취업정치: 나와 회사를 잇다> 나의 강점-취업 목적-직무의 적합성- 회사의 인재상-나의 성장 가능성
↑			
3	What	무슨 일을 하지?	강점 나의 강점과 직무 연결
↑			
2	Who	나는 도대체 누구인가?	Do (실행력) Know (지식) Be (품성)
		<나에 대하여> -하고 싶은 직무 -내가 좋아하는 일 -직업을 선택할 때 중요하게 생각하는 가치 -지금까지 했던 경험 -나만의 강점 -내가 잘하는 일 -회사가 나를 뽑아야 하는 이유 (출처: 김나이 저자의 『이기는 취업』)	
↑			
1	Why	나는 왜 취업하려고 하는가?	돈이냐? 가치실현이냐?

7

책 쓰기로 브랜딩을 할 수 있다

"책 쓰기는 성공의 크기와 관계없이 삶에서 내가 주도적으로 결정하고, 노력에 대한 깨달음이 있다면 할 수 있다. 책은 자기를 브랜딩 하는 것."

-라온아시아(주) 조영석 대표

출판사를 운영하는 조영석 대표는 직원 채용에 있어 학벌을 기준으로 하지 않는다고 한다. 출판사라는 지식서비스 산업에서 필요한 인재상은 '문제를 발견하고, 답을 찾는 사람'이라고 말한다. 그리고 취업과 책 쓰기는 '자신을 어필해야 한다'는 점에서 연관이 있다고 했다. '책을 쓰는 것은 자신을 다른 사람과 차별화시키고, 이를 증명하는 도구가 된다'는 것이었다. 또 출간을 하지 않더라도 취업할 때 쓰는 자기소개서처럼 자신을 구체화하는 과정이 될 수 있다고 했다. 조 대표는 "책을 쓰면서 자신을 취업시장에 내놨을 때 가치가 얼마나 매겨질 수 있는지 파악할 수 있다"며 "자신이 읽어본 책, 자신이 만난 사람, 지난 경험을 모두 피드백 할 수 있기 때문"이라고 했다.

그렇다. 조 대표의 말처럼 주도적 삶이 가져다주는 깨달음이 자기의 가치를 만들고 그 가치를 취업시장에 팔 수 있는 것이다. 책은 단순한 낱장들의 묶음이 아니다. 자기의 삶을 조명해보며 이 세상을 살아가는 사람들에게 공유하고 싶은 자기만의 가치를 외치기 위해 내놓은 인고(忍苦)의 산물이다. 한 사람의 인생에서 액기스만을 추출해서 많은 사람들에게 자양분이 되길 바라는 마음이 담겨 있다. 그러니 책에는 저자가 어떤 사람인지 명확히 제시되어 있다. 누군가의 책에 호감을 갖고, 그 책 저자의 가치를 공유하고 싶어 하는 회사가 있다면, 그 저자가 그 회사 입사를 희망한다면 어떻게 될까? 취업될 확률이 높을 것이다. 어떤 사람들은 취업준비를 위해 포트폴리오를 작성하기도 한다. 자기 자신을 어필하기에 효과적이기 때문일 것이다. 포트폴리오처럼 자기를 어필하는 도구 중의 하나가 '책 쓰기'라고 보면 된다. 자기소개서를 쓰다 보면 하나의 경험적 사실만을 기록할 수밖에 없는 자신을 볼 때도 있을 것이다. 그런 자기소개서는 인사담당자들이 쳐다보지도 않는다. 무슨 경험을 했는지보다 어떤 사람인지가 중요하기 때문이고, 그것을 알고 싶어 하는 인사담당자들이기 때문이다. 경험적 사실만을 나열한 자기소개서처럼 한 장의 의미 없는 공허한 소리가 담긴 수백 장의 종이는 절대 책으로 나올 수 없다. 자기만의 경험과 지식이 다른 사람들에게 의미 있는 외침의 소리가 될 때 비로소 책으로 나올 수 있는 것이다.

책 쓰기를 통한 브랜딩을 외치는 조 대표는 1994년 이랜드 그룹에 입사한 후 회사의 필독도서인 200권의 책을 독서했다고 한다. 그 후 15년간 3,000여 권의 책을 읽었다. 그렇게 책을 통해 출판업에 관심을 갖고 다른 사람들의 반대에도 무릅쓰고 출판업에 뛰어들었다고 했다. 그리고 『이젠, 책쓰기다』라는 책을 통해 조 대표 자신을 책 쓰기의 전문가로 브랜딩을 하였다. 책이 브랜딩이 가능한지는 이미 여러 저자들의 삶이 증명을 해주고 있다. 한복가게를 하고 있던 황이슬 저자는 그의 저서 『나는 한복 입고 홍대 간다』로 개인과 업의 브랜딩을 이루었고 그 결과 매출증가뿐 아니라 활동 폭의 확대를 이루어가고 있다. 또 군대에서 Basic에 미쳐서 살았던 손유섭 저자는 그 경험과 결과를 책으로 펴냈다. 『손 병장은 어떻게 군대에서 2000만 원을 벌었을까?』손 저자는 이 책을 통해 자신을 브랜딩 했다. 그 결과 지금은 각종 초빙강연을 하고 있고, 육군 홍보대사로 임명되기도 하였다. 손 저자는 대략 2년이라는 삶을 주도적으로 이끌어감으로써 그 경험을 한 권의 책으로 엮기에 충분했던 것이다. 그러나 대부분의 청년들은 군 생활을 건강하고 편하게 있다가 전역하는 것을 목표로 하기에 수동적, 피동적일 수밖에 없다. 그런 삶은 한 권의 책으로 낼 수 없는 자기 인생에서 무의미한 삶이고 죽은 삶이 되는 것이다. 그러니 그대들도 한 권의 책으로 그대들을 브랜딩 하기에 도전하길 바란다. 한 권의 책을 쓰겠다고 생각하며 Basic에 미쳐서 삶을 주도적으로 살길 바란다.

Basic에 미친 주도적인 생활은 깨달음을 얻을 수 있다. 그 깨달음이 삶의 변화를 가져오고 그 삶의 변화가 자신의 가치를 높여주게 된다. 시장에 내놓았을 때 잘 팔리는 물건이 되는 것이다. 그런데 새로운 상품들이 시장에 쭉 깔려 있기 때문에 물건을 사러 나온 사람들의 마음을 사고 돈을 지불하게 하는 활동이 필요하다. 홍보를 해야 한다. 취업시장에 나타난 채용담당자들에게 그대들의 준비된 가치를 최고로 홍보할 수 있는 것은 그대 손에 쥐어진 그대만의 한 권의 책이다.

> "위대한 책을 쓰고 싶다면 자신이 먼저 그 책이 되어야 한다."
> -엔젤리스트 대표 나발 라비칸트

취업하고 싶어?
7가지 Basic에
미쳐라

1

작은 도전에 미쳐라_ 도전정신의 기본

본인 세대 22.7%, 자식 세대 28.9%. 2019년 사회조사 결과(19세 이상)에 대한 통계청의 발표 내용 중 계층이동 가능성 '높다'에 대한 응답 비율이다. 반면, 계층이동 가능성이 '낮다'는 본인 세대 64.9%(모르겠다 12.4%), 자식 세대 55.5%(모르겠다 15.6%)를 보였다. 그대들은 이 조사 결과를 보고 무슨 생각이 드는가? 많은 사람들이 아무리 노력해도 계층 상승은 어렵다는 생각들을 하고 있다는 것이다. 기대치가 낮으니 희망도 없는 것이다. 그러니 노력하면 된다는 꿈을 갖기가 어려워졌다. 도전정신의 실종이 사회 전반에 나타나고 있는 것이다. 그대들이 살아가는 현실이다. 그렇다고 주저앉아 있을 것인가? 언젠가는 힘차게 공중을 날아보겠다는 그대들의 마음속에 자리 잡은 '거위의 꿈'을 접을 것인가? 날갯짓 한 번 해보지 못하고 포기해야 하는 것인가? 그러지 말았으면 한다. 아니, 그러면 안 된다. 이 통계청조사는 의식조사일 뿐이다. 생각에서부터 지고 있는 것이다. 지금부터 이 책을 집어 든 그대들은 생각부터 바꾸면 된다.

계층 상승 가능하다고 믿어라. 그 정신과 생각의 에너지가 그대들을 움직이게 할 것이다.

그대들은 왜 시도해보지 않고 어렵다, 못한다, 할 수 없다고 하는가? 내가 가르치는 20대들에게 자신감을 주기 위해 한 가지 도전을 하게 되었다. 20대 리더교육을 받는 과정에서 걸어 다니는데도 힘들다고 하는 고개 코스가 있다. 나는 그 고개 코스를 뛰어서 넘어갔다 오는 데 도전했다. 도전해보기도 전에 나약한 생각을 하고 있는 그들에게 자신감을 가지도록 하기 위해서였다. 그 고개 코스가 그들에게 얼마나 힘든 곳인지 그 정상에 이런 글이 적혀 있을 정도다.

'내가 메고 있는 군장의 무게는 어버이의 어깨보다 가볍다.', '하늘은 큰일을 시키기 전 고난을 통해 큰일을 할 수 있는 능력을 키워준다.', '할 수 있다.'

그들은 이 고개를 이렇게 부른다. 첫 번째 작은 고개는 '어버이 고개', 두 번째 고개는 '괴베레스트'라 부른다. 에베레스트산처럼 오르기 힘들어서 붙인 이름이라고 한다. 물론 에베레스트산과는 비교도 할 수 없는 곳이다. 이 코스를 한 번은 시계방향으로, 또 한 번은 반시계방향으로 뛰어서 넘어갔다 왔다. 내 나이 50이 넘었다. 걸어서 넘어가기도 힘들다고 하는 그들은 20대 팔팔한 나이다. 할 수 없는 게 아니라 해보지 않아서 못하는 것일 뿐이다. 꾸준히 연습하면 누구나 할 수 있고 나보다 훨씬 쉽게, 그리고 빠르게 넘어 다닐 수 있는 능력을 가지고 있다. 그러니 그대들의 능력을 썩히지 말고 도전하여 계발해라. 다이아몬드 원석도 깎아야 비싼 가치를 발휘한다. 깎지 않은 원석은 별 가치가 없다. 20대에는 보석의 원석을 깎는 기간이다. 도전을 통해 깎는 기간이라는 것이다.

나는 작은 도전을 계속해오고 있다. 3km 달리기는 20세 기준으로 특급 수준(12분 30초) 유지, 청소년 대상 성공학 강의 봉사하기, 청소년 지도사 자격증 획득, 나의 멘티 1명 만들기, 국방일보에 기고하기, 다른 사람이 국방일보 기고하도록 도와주기, 블로그 만들기, 페이스북 하기, 독서 70권, 자기 계발 책 쓰기, 새벽 일찍 일어나기 등이다. 정말 작은 도전들이다. 이미 대부분 도전에 성공했고, 책 쓰기는 지금 이렇게 하고 있다. 그런데 여기서 중요한 것이 있다. 나의 도전의 중심에는 '청소년, 청년'이 있다. 그들과의 관계의 삶을 위해 도전하는 것들이다. 방향성 있는 도전을 하고 있는 것이다. 그대들도 방향을 제대로 잡고 한 방향 도전을 계속해보길 바란다. 그대들은 취업을 위한 도전이고, 지원하려는 회사와 직무에 대한 도전이다. 그러니 취업을 위한 방향을 제대로 잡고 그와 관련된 작은 도전을 계속하다 보면 축적의 힘을 느낄 때가 올 것이다.

일본 가전 양판점 '고지마'의 창업자인 고지마 가쓰헤이의 성공비결도 '매일 한 가지 새로운 일에 도전하는 것'이었다.

"어찌 보면 아주 사소한 일들이지요. 이를테면 가게의 진열을 조금 바꾸어 본다든지, 낮에 신입사원과 식사를 한다든지, 평소와 다른 길로 출근한다거나 한 번도 가본 적 없는 가게를 찾아 밥을 먹는 것과 같은 일들입니다. 새로운 일을 해보는 동안 생각지도 못한 발견을 하는 경우가 많았거든요.."

20대는 도전하고 넘어지고 일어서기를 반복하며 경험을 축적하는 시기다. 지금부터 작은 도전이다. 매일 한 가지 사소한 일에 도전하다 보면 자신도 모르게 사고가 민감해져 차별화된 삶을 살고 있을 것이다. 그리고 대담한 도전이다. '거위의 꿈'은 포기할 줄 모르는 작은 도전, 날갯짓으로부터 시작된다.

"해보지 않고는 당신이 무엇을 해낼 수 있는지 알 수가 없다."

-프랭클린 아담

2

배움에 열정을 다하라_ 열정의 기본

그대들의 마음속에 숨어 있는 열정을 놀리지 말아라.

'대학교 내에 있는 커피숍에서 한 대학생과 이야기를 나눌 기회가 있었다. 대학교 3학년 겨울, "무엇을 할지 아직 모르겠습니다." 높은 실업률, 막막한 취업의 현실이 아직 피부에 와 닿지 않는 모양이다. 그래서인지 자기의 적성을 찾지 못했는데도 너무나 한가롭게 지내고 있었다. 이해가 가지 않았다. 왜 이리 여유로운가? 전공과 연계된 취업을 할지 모르겠다면 경험해보면 되지 않는가? 호텔 관련 전공이면 호텔에 가서 아르바이트를 하든 인턴을 하든 호텔에 가서 인터뷰를 하든 호텔로 매일 출근해서 관찰보고서를 쓰든 뭔가 해야 할 것 같은데 그냥 있다. 이것저것 경험해보고 그중에서 일하고 싶은 분야를 찾으려는 노력을 해야 하는데 말이다. 어느 인사담당자는 이렇게 이야기한다. "직무를 찾는 데 제일 좋은 방법은 인턴십이나 계약직으로 직접 일을 해보는 거죠. 하다못해 관련 아르바이트라도 해야죠. 인사담당자가 되고 싶다면 채용공고 시즌에 대부분의 회사에서 아르바이트를 뽑아요. 그럴 때 지원해서 직접 경험해보는 거죠. 실제로 함께 근무하면 어떻게 돌아가는지 많이 알게 되잖아요." 그대의 열정을 어디에 쏟고 있는가? 정확한 목표를 정해라. 그대가 취업하고 싶은 곳, 그대가 채용되어야 할 곳에서 원하는 방향에 열정을 다해야 한다. 이집 저 집 기웃거릴 시간이 없다. 그런 열정으로는 어느 집에서도 환영받지 못한다. 그러는 사이에 그대의 아까운 20대는 훅~ 간다. 20대는 미생이지 완생이 아니다. 완생을 향해 가는 것이다. 주저하지 말고 방향성 있는 배움에 열정을 다해야 한다. 그래서 할 수 있는 일을 찾아야 한다. 할 수 있는 능력도 없으면서 하고 싶다고 되는 것이 아니다. 정말 하고 싶다면 할 수 있는 능력을 갖추기 위해 열정을 쏟아야 된다. 배우지 않고 할 수 있는 것은 아무것도 없으니 말이다.

<뉴시스>에 실린 기사 하나를 보았다. 대학에서 '불도저'로 통하며 2019년 '대한민국 인재상'을 수상한 김남중 학생의 기사였다. "다양한 경험과 노하우를 바탕으로 지역사회 발전의 작은 밀알이 되고 싶습니다." 어떤 경험들을 하였는지 궁금해서 계속 읽어 내려갔다. 한 분야에 흥미를 갖고 열정적으로 시간을 보낸 모습이 눈에 그려지기에 충분했다. 그의 각종 수상 경력과 활동은 미래의 어느 점을 향하고 있음이 분명했다. 광주대 글로벌 비즈쿨 CO-TDM 창업경진대회(최우수상), 광주창조경제혁신센터 창업아이디어 경진대회(우수상), 광주 청년창업 공모전(동상), 중소기업 일자리 인식개선 서포터즈 활동과 지역사회 활동, 지방자치 발전행사 참여, 중소기업 인식개선 엑스포(우수상), 농업정책보험금융원 서포터즈 활동 등이다. "5년 전 학교 창업동아리 학생들과 친해지면서 창업 캠프 교육에 참여했다가

흥미를 느끼게 돼 이후 여러 창업 관련 캠프를 찾아다니게 됐다. 그렇게 시작해 자연스럽게 창업 분야에 푹 빠졌던 것 같다." 김남중 학생은 하나의 계기를 통해 흥미를 갖게 되어 그 방향에 관련된 일들을 통해 자신의 미래를 만들어온 것이다. 흥미를 찾았기에 지속적인 성실함을 통해 열정으로 미래까지 연결이 가능한 경우다. 그대들도 이런 노력을 하여야 한다. 그대들에게 흥미를 유발하는 무엇인가를 찾아야 한다. 그러기 위해서는 먼저 다양한 분야를 경험해보아야 한다. 중고등학생 때 그대들의 흥미를 못 찾았으니 지금이라도 서둘러서 찾아야 한다. 좋아하고 잘하는 것, 좋아하지는 않지만 잘하는 것, 좋아하지만 잘하지는 못하는 것이 무엇인가? 찾아야 한다. 이것이 취업 준비의 첫 단추다. 자기를 아는 것. 가장 먼저 열정을 쏟아야 할 대상이 바로 '그대 자신'이다. 그리고 나서 그대들에게 맞는 회사나 직무에 대한 배움의 열정을 쏟아라. 그것이 순서다. 그런데 지금까지 시간이 없다는 이유로 그대 자신들을 돌아보지 못했다. 다른 경쟁자들을 쳐다보다가 그 분위기에 휩싸이고 말았던 것이다. 입시 위주 경쟁에 지쳐서 잠깐만 쉬었다 가려다가 너무 많이 쉬어버린 것이다. 그 결과로 지금 너무 힘든 것이다. 아직도 쉬고 있는 그대들은 빨리 일어나라. 그대 자신을 찾지 못한 사람은 찾으러 떠나라. 찾았으면 그대가 잘하고 좋아하는 일에 열정을 집중하라. 여기서 핵심은 열정을 쏟을 대상을 찾았으면 '어느 누구보다 눈에 띄게 잘하는 능력'을 갖출 때까지 배우고 도전하고 실패하기를 멈추지 않는 것이다.

"젊은이들은 모두 열정이 있습니다. 그러나 젊은이들의 열정은 빨리 왔다가 빨리 사라집니다. 끊임없고 지속적인 열정만이 진정한 가치가 있습니다. 당신은 프로젝트에서 실패할 수도 있고, 고객을 잃을 수도 있습니다. 그러나 추구하는 것을 포기하면 안 됩니다. 실패한 다음에 다시 도전하는 것, 이것이 진정한 열정입니다. 그러므로 나는 당신의 열정을 3년 이상, 더 나아가 일생 동안 유지하기를 바랍니다. 열정은 상처받을 수 없기 때문입니다." 얼마 전 알리바바 회장에서 은퇴하고 다시 영어교사로 돌아간 마윈의 말이다. 그대들 모두에게는 열정이 있다고 했다. 상처받을 수 없는 열정이기에 일생 동안 지속할 수 있다는 말이 마음에 다가온다. 원하는 대학에 못 갔어도, 원하는 전공이 아니어도, 취업 도전에 몇 번이고 실패했어도 그대들은 젊은이다. 상처받지 않는 열정이 그대들 속에 있으니 다시 배워서 도전하는 것이다. 그리고 그 열정을 스펙에 담아라. 그러면 열정이 스펙을 빛나게 해줄 것이다. 현실이 열정을 식게 하는가? 그대들의 열정으로 현실은 조금씩 바뀔 것이다. 내가 조금씩 바뀌어가듯이.

<Key point>
1. 나의 흥미와 관심거리 중 잘할 수 있는 것을 찾는다.
2. 잘할 수 있는 것으로 20대의 성장을 이루고 30대를 준비할 수 있는 직무를 결정한다.
3. '잘할 수 있는 것-직무-지원 회사의 인재상'을 연결한다.
4. 잘할 수 있는 것을 최고로 만들어가는 목표지향적인 배움의 열정을 쏟는다.

"배움은 우연히 얻어지는 것이 아니라 열성을 다해 갈구하고 부지런히 집중해야 얻을 수 있다."

-아비게일 애덤스(Abigail Adams)

3

생각의 끈을 미래에 묶어라_
인내심의 기본

월리엄 패더는 "성공의 첫 번째 법칙은 인내다"라고 말했다. 나는 "성장의 첫 번째 법칙은 인내다"라고 말하고 싶다.

어느 부서에서 실무자로 근무할 때의 일이다. 상급자에게 보고서를 검토받기 위해 들어갔다. 그 보고서는 대략 30장이 넘었던 것 같다. 몇 장을 검토해나가던 상급자의 표정이 변하기 시작했다. 그러더니 "이게 보고서 맞아!" 하면서 보고서를 집어던졌다. 30여 장의 보고서가 공중을 날며 사무실 바닥 이곳저곳에 떨어졌다. "나가버려!" 나는 바닥에 떨어진 보고서를 한 장 한 장 주워 모았다. 나도 모르게 눈물이 흘러내렸다. 바닥에는 보고서 대신 눈물 자국만이 남았다. 말없이 보고서를 챙겨들고 사무실을 빠져나와서 곧바로 화장실로 갔다. 한 구석 좌변기에 앉아 문을 닫고 생각에 잠겼다. "이렇게까지 해가면서 근무를 해야 되는가? 그만둘까? 그만두고 나가면 뭘 할 수 있을까? 새로운 일을 잘할 수 있을까?" 오만 가지의 이런 저런 생각에 깊이 잠겼다. 머리도 아프고 마음도 아팠다. 결국 "이 정도도 참지 못하고 그만두고 나가면 어디를 가더라도 패배자가 되겠지? 일단 이곳에서 잘 이겨내자. 나가더라도 다음에 나가자. 지금은 아니다." 이렇게 긍정적 결심을 하고 화장실 문을 열고 나왔다. 그 시간이 많이 흘렀다. 같이 근무하는 사무실 사람들이 한참 동안 나를 찾아다녔다고 했다. 보고하러 나가서 3시간 동안 사무실에 들어오지 않아서 걱정이 된 것이다. 그 후부터 옆 사무실의 선배 도움으로 부족한 점을 배우며 어려움을 조금씩 이겨나갔던 시절이 있었다. 화장실에 앉아 내린 '다시 해보자'라는 결론은 나의 생각을 미래에 놓았기 때문에 가능했다. 아마 현실만 생각했으면 당장 힘들고 무시당한 느낌을 벗어나려 했을 것이다. 그랬다면 지금의 나는 다른 모습으로 살아가고 있을 것이다. 지금보다 좋을지 나쁠지는 알 수 없지만. 아무튼 고통의 순간을 인내를 통해 성장을 이루고 그곳을 떠날 수 있었다.

한국경영자총협회에서 2010년부터 2019년까지 10년간 '입사 1년 차 신입사원 퇴사율'을 조사한 결과에 따르면 2019년이 48.6%로 가장 큰 비율을 보였다. 이는 2010년의 15.7%와 비교할 때 3배가량 증가한 수치다. 그중 중견·중소기업의 신입사원 주된 퇴사 이유는 무엇일까? 취업포털 인크루트 조사에 의하면 가장 높은 비율을 차지한 이유는 '연봉, 복지 등 참기 힘들어서'라는 응답으로 19.2%를 차지했다. 그다음이 '직무, 업무 관련 스트레스가 많아서' 17.2%, '(청년내일채움공제) 만기까지 버티기 어려워서' 16.4%, '사업장의 비전이 부족하다고 느껴서' 15.6%, '(청년내일채움공제) 중도해지 후 이직을 결심해서' 12.3%, '대인관계 스트레스' 8.0%, '진로 설정 변경' 6.1% 순으로 나타났다. 신입사원 1년 차 퇴사율이 50% 가까이 되니 채용한 회사도 퇴사한 사원도 심각한 일이 아닐 수 없다. 현실이 이렇다 보니 채용자 입장에서는 회사를 위해 오래 일 할 사람이 어떤 사람인가를 보게 되는 것은 당연한 것 같다. 물론 취업을 하려는 그대들도 지원하려는 회사에 대해 많은 고려 요소를 가지고 판단할 것이다. 특히, 요즘은 취업에 성공하고도 출근하지 않는 신입사원도 있으니 회사에서도 고민이 많은 듯하다. 최종 선발된 신입사원이 입사 당일 출근하지 않는다거나, 기존에 일하던 직원이 어느 날 갑자기 출근하지 않고 연락이 두절된 경우가 있다고 한다. 이를 두고 '고스팅(Ghosting)'이라고 한다. 그대들은 제발 고스팅이 되지 말길 바란다. 이런 태도는 어디에 가도 도움이 되지 않는다. 성장을 이루지 못하고 떠나는 고스팅은 그 굴레를 벗어나기 어렵다.

요즘은 100세 시대를 맞아 직업을 2~3개 정도는 갖게 될 것이라는 전망이 많다. 그렇다고 보면 20대 그대들은 첫 직장을 어떤 개념으로 생각하고 취업지원을 할 것인가가 중요할 것이다. 첫 직장이 1년이 될지, 3년이 될지, 5년이 될지 모르지만 중요한 것은 그대들이 그곳에서 성장해야 한다는 것이다. 성장하려면 일정 기간을 거쳐야 하고, 적극적으로 근무해야 가능하다. 지인과 대화 중 이런 이야기를 들었다. 어떤 회사에서 근무를 잘 하던 사람이 퇴사하고 다른 회사로 이직을 했는데 이직한 회사에서는 능력 발휘가 전보다 못했다는 것이다. 왜일까? 회사의 분위기나 업무스타일이 달라서 그럴 것이라는 등 많은 의견이 있었다. 나는 '성장'이라는 이야기를 하고 싶다. 회사가 성장했으면 거기서 근무하는 사람도 같이 성장해야 한다. 그런데 회사는 성장했는데 사람은 성장하지 않았다는 것은 그 사람이 능동적이고 적극적으로 일하지 않음으로 인해 본인의 성장을 이루지 못한 것이다. 20대의 직장은 성장의 기회가 되어야 한다. 그런 마음으로 취업에 도전해야 한다. 20대에 가능한 한 많은 성장을 이루고 이를 기반으로 또 다른 취업에 도전하더라도 하라는 것이다. 그러기 위해서는 인내가 필요하다. 어떤 이유로 퇴사를 하더라도 잦은 퇴사는 다음 취업을 하는 데 도움이 되지 않는다. 특히, 짧은 기간 근무하고 퇴사하는 경우들은 더 부정적 요인으로 작용하게 된다.

베트남에서 '박항서' 감독의 열풍이 거세게 몰아쳤다. 그 바람이 우리나라에도 영향을 미칠 정도이다. 박 감독은 최근 동남아시안(SEA) 게임에서 베트남 22세 이하(U-22) 축구대표팀을 이끌고 나가 이 대회에서 60년 만에 처음으로 금메달을 안겨주었다. 베트남은 축제 분위기였다. 우승 후 축구팀을 이끌고 우리나라 통영으로 훈련을 위해 왔다. 어느 신문에 이런 기사가 실렸다. "처음엔 '1년만 버티자'라는 생각이었는데, 버티다 보니 여기까지 오게 됐다." 박 감독의 고백이다. 누구나 새로운 도전은 두렵기도 하고 힘들기 마련이다. 그래서 그 분야의 전문가라 할지라도 환경과 대상이 바뀌면 어느 정도의 부담을 안고 시작하기 마련이다. '1년만 버티자'라는 처음의 생각이 지금의 '박항서' 감독을 만들어낸 것이다. 1년을 버티는 과정에서 무수히 많은 일들이 있었을 것이다. 그 과정에서 겪은 일들이 축적이 되어 또 다른 1년을 버틸 수 있는 에너지를 만들어내는 것이다. 그러다 이제는 '버티는 것'에서 벗어나 '즐겁고 보람 있는 것'으로 생각의 변화가 일어나는 것이다. 왜냐하면 인내의 결과가 열매를 맺고 있기 때문이다. 그 맛에 인내하는 것이다. 이것을 그대들은 알았으면 좋겠다. 무슨 일을 하든지 쉽게 싫증을 내고 엉덩이가 가벼운 그대들이라면 목표를 세워 자신을 통제하는 연습을 해야 한다. '1년만 버티자.' 1년이 어려우면 '6개월만 버티자.' 처음에는 기한의 목표를 세우고서 버티기에 도전해보길 바란다. 인내는 쓰고 열매는 달다.

"인내심을 가진 사람은 원하는 것을 얻게 된다"고 미국 독립의 아버지 벤저민 프랭클린은 말했다. 1년이라는 인내심을 가지고 버티니 현재의 영광을 누리는 '박항서 감독'처럼 그대들도 인내심을 가지고 어느 분야에 도전한다면 반드시 원하는 것을 얻을 것이다. 현재의 힘들고 어려운 상황을 회피하려 하지 말고 밝은 미래를 보고 '심호흡'을 깊게 3번 하고 다시 시작하길 바란다. 그대들이 보는 지금의 난관은 영원하지 않다. 바람이 불면 태양을 가린 구름이 벗겨지고 태양이 뜨면 안개는 사라진다는 진리를 마음속에 새기길 바란다. "인내는 그대들을 성장하게 한다. 인내는 긍정적 생각이 만들어낸다. 인내는 미래지향적이다. 생각의 끈을 미래에 묶어라." 이것이 그대들의 취업무기다.

구경꾼이 되지 마라_ 책임감의 기본

시간이 날 때면 나는 서점에 자주 들른다. 중학생 딸을 태권도장에 데려다주고 나면 1시간 후 다시 데리러 가야 되기에 그 시간에 서점으로 향한다. 서점 입구에 전시된 베스트셀러와 신간 도서부터 시작해서 한 바퀴 돌며 관심 있는 책이 있나 보며 다닌다. 어느 날 딸을 태권도장에 데려다주고 서점에 들렀다. 눈에 띄는 책이 있었다. 이신영 저자의 『한국의 젊은 부자들』이라는 책이었다. 노랑 표지에 검정 글씨라서 눈에 확 들어왔다. 나의 시선을 끈 글씨들이 표지 앞과 뒤에 적혀 있었다.

'세상의 흐름을 꿰뚫어 보고 남들과 다르게 움직인 그들의 놀라운 통찰', '이들이 할 수 있다면 우리도 할 수 있다.'

목차와 서문을 읽고 바로 계산대로 가서 결제를 하고 태권도장으로 가서 딸을 데리고 집으로 돌아왔다. 사온 책을 단숨에 읽어 내려갔다. 저자는 독자들을 배려해서인지 젊은 부자들 60명의 공통점과 차이점을 분석해 앞쪽에 기록해놓았다. 그중 공감이 되는 글이 있었다. '그들은 충분히 도전할 만한 준비가 되었을 때, 남들에게 없는 자신만의 아이디어와 인맥, 실행계획이 준비되었을 때 뛰어들었다.' 그리고 더 빨리 실패하고 많은 것을 경험했기에 성공했다는 성공자들의 말도 있었다. 그런데 나는 60명의 이야기를 읽으며 또 다른 면을 찾았다. 주변에서 일어나는 삶을 '구경꾼'처럼 보고 지나가지 않았다는 점이다. 불편하고, 때론 불쾌한 것을 해소하기 위해 도전한 것이었다. 남들은 돈이 안 된다고 안 하고, 어떤 이들은 아무 생각 없이 자신과 상관없는 일이라 생각하고 지나갈 때 이들은 그것의 주인인 것처럼 행동했던 것이다. 내재된 '책임감'이 그들의 눈을 뜨게 만들었고, 문제해결이라는 도전으로 이끌어준 것이었다.

세 번 사업에 실패하고 전 세계 3억 명 시각장애인에게 희망을 선물한 김주윤 닷(DOT) 대표, 그의 책임감은 이렇게 세상에 나왔다. "장애인들이 IT기술 수혜를 받지 못하는 이유를 적은 수요에서 찾는 사람이 많은데 전 반대로 생각했어요. 비율이 아닌 인원으로 보면 시장이 무척 넓더라고요. 모두 제가 삶을 변화시켜야 하는 대상입니다." 돈이 아니고 사람이 보이면, 그때 할 일이 보이는 것이다. 그리고 대상을 우리나라에 한정하지 않고 세계로 넓혀 보았다는 점도 중요하다. 이제는 세계가 가까워졌다. 인터넷의 기술이 지구촌을 한 울타리로 만들어준 것이다. 그래서 사업도 취업도 세계를 대상으로 해야 한다. 또 다른 사람은 아무도 신경 쓰지 않는 쓰레기통에서 책임감을 느꼈다. 이큐브랩 대표 권순범 씨가 주인공이다. 그가 대학 시절에 한 친구와 함께 홍대거리를 거닐 때였다. 거리 주변에는 술병, 과자봉투 등 온갖 쓰레기가 뒹굴어 다니고 있었다. 이 쓰레기는 청소를 담당하는 분들의 몫이라고 생각했으면 지금의 이큐브랩은 없었을 것이다. 태양열 압축 쓰레기통 등 쓰레기 수거 솔루션 공급업체로 쓰레기통에서 찾은 600조 시장이었다. 뒹굴어 다니는 쓰레기들을 보고 권순범 대표의 마음에 들어온 생각이 있었다고 한다.

"좀 심하다는 생각이 들더라고요. 당장 청계천 공구상가를 돌아다 녔어요. 나름대로 도안을 만들어 갔는데 구체적이지 않다고 손을 내 저었어요. 그래서 환경미화원을 직접 도와드리며 쓰레기 수거의 업무 강도와 불편한 점을 몸소 체험해 개선점을 많이 발견했습니다."

넘쳐나는 쓰레기통 안을 보니 실제로는 아직 쓰레기가 들어갈 공간이 많은 것을 보고 떠오른 아이디어가 쓰레기 압축 기능이 탑재된 쓰레기통이었다. 그 후 6개월 만에 태양열 압축 쓰레기통 시제품을 만드는 데 성공하여 법인을 설립했다. 그렇다. 권 대표 역시 일상에서 할 일을 찾아냈다. 이는 평소에 자기 자신만을 위한 삶을 뛰어넘어 다른 사람에게 유익을 주려는 마음을 갖고 있었기에 구경꾼처럼 지나쳐버리지 않은 것이었다. 무엇이든지 주인의식을 가지고 보면 생각이 달라지게 마련이다. 그러니 창업을 하든 취업을 하든 주인의식을 가지고 주변과 사물을 바라보길 바란다. 그럼 할 일이 보이게 되어 있다. 주인은 구경꾼과 달리 책임감이 있기 때문이다. 그대들도 이제부터 주인 되어 살아가는 연습을 해야 한다. 그대 자신과 그대들이 입사를 원하는 회사와 그 직무에 주인 입장이 되어 바라보고 준비해야 한다. 그러면 지금보다는 다르게 바라보는 그대 자신을 보게 될 것이다.

언젠가 이런 말을 들은 적이 있다. 어느 회사에서 신입사원을 뽑는 과정에서 있었던 일이었다. 신입사원들을 연수원에 1박2일 합숙시켰다. 1박2일 동안 어떻게 생활하는지 지켜본 것이었다. 모두들 테스트 받는다는 것을 알고 있었기에 주어진 역할과 중요한 것 같고 잘 보이는 일을 찾아 열심히들 노력하고 있었다. 그런데 유독 한 명의 모습이 잘 보이지 않았다고 한다. 그래서 그 신입사원은 무엇을 하는지 지켜보게 되었는데 평가하는 사람들에게 동일한 마음이 들었다고 한다. '저런 사람이 필요해!' 그 신입사원은 모두가 떠나간 자리에서 쓰레기를 줍고 켜져 있는 전등을 끄는 등 사소할 것 같은 일을 하고 있었단다. 아무도 시키지 않은 일이었다. 1박2일 생활하는 임시의 장소이지만 머무는 동안은 주인으로 살아야 됨을 알고 있었던 것이다. 그것이 그 신입사원의 평소 삶을 보여준 것이었다. 입사해도 어디서나 동일한 행동을 할 신입사원으로 평가받은 것이었다. 그래서 최종합격을 했다는 이야기였다.

평소의 삶 속에서 습관화되지 않으면 주인의식을 갖고 생활한다는 것이 쉽지는 않다. 한 조직의 구성원이 되어 산다고 하는 것은 제 위치에서 제 몫을 다해야 하는 것이다. 여기에서 중요한 것이 주인의식이다. 다시 말해 책임감인 것이다. 입사 지원한 회사가 그대들이 주인인 회사라고 생각하고 준비해야 한다. 반드시 입사해서 국내 또는 세계 제일의 회사를 만들어야 된다고 생각한다면 자기소개서도 달라질 것이다. 어떤 능력을 어느 정도로 갖추어야 되는지도 알 것이다. 당당할 것이고, 자신감 있게 포부를 말할 수 있을 것이다. 그리고 그대들이 지원한 회사가 발전하려면 어떻게 해야 하는지도 보일 것이다. 그것을 위해 그대들은 그 회사에 반드시 입사해야 하는 것이다. 돈, 경험, 기술, 학벌 등 아무것도 없었던 그대들과 비슷한 청년들이 할 수 있는 것을 보여주었으니 그대들도 할 수 있다고 생각하라. 구경꾼이 되지 말고 주인 되어 책임감을 갖고 살면 된다.

"일의 크고 작음에 상관없이 책임을 다하면 꼭 성공한다."

-데일 카네기

5

소소한 일도 정성을 담아 꾸준히 하라_
성실의 기본

"성실하면 좋은 거 아닌가요?"

인기배우 최수종 씨가 TV 프로그램에 출연해서 "방송생활 33년 간 단 한 번 지각도 없었다"고 말했다. 대중의 인기와 사랑을 유지 하는 힘이 그의 '성실함'에 있는 것 같다. 내가 모셨던 상급자분 중 에도 1년 365일을 한 번도 빼놓지 않고 밤에 GOP 부대 순찰을 했 던 분도 있었다. 설령 저녁에 약속이 있어 못 지킬 때면 새벽 3시에 어김없이 나타나셨다. 그렇게 하는 이유는 자신과의 약속이라고 했 다. 누구의 눈치나 강요가 있어서가 아니었다. 그 성실함 때문일까? 3성 장군까지 되었다. 또 다른 성실맨이 있다. 17년 프로 농구선수 생활을 은퇴한 양동근. 모두가 '양동근' 하면 '성실함'을 떠올린다. 리그 최고의 자리로 올려놓은 것도, 또 그 자리를 유지할 수 있었던 것도 성실함이었다고 평가한다. 고참이 되면 나태해질 만도 할 것인데 훈련량을 줄이거나 게으름을 피우는 일이 일절 없었다고 하니 대단하다. 주변 사람들로부터 인정받고 잘되는 일이 결코 큰일이 아니다. 아주 작은 일이다. 작은 일을 성실하게 해나가는 사람들이 한 조직에서 인정받고 살아감을 알 수 있다. 그런데 많은 청년들은 자기 자신에게 성실하지 못하여서 취업을 어려워하고 있는 것이다. 그대들은 고등학교 3년을 수능 준비로 힘들었으니 이제 좀 쉬면서 해야 한다고 말한다. 그래서 1학년 쉬고, 2학년도 놀면서 보낸다. 대학생활에 만족하며 말이다. 그 결과 학점은 2점대를 유지하고, 인싸가 되었다. 그런데 그대들에게 중요한 '무엇을 하고 싶은지, 무엇을 잘 하는지'에 대한 답은 찾지 못했다. 그대들의 인생에 있어서 정말 중요한 일을 놔두고 놀았으니 게으르기 그지없다. 이미 끝냈어야 할 진로탐색을 수능 준비로 못 했으면 대학에서 빨리 해야 되지 않겠는가? 그대들이 부러워하고 때로는 미워하는 상위 1%, 아니, 상위 10%는 쉬지 않는다. 목표지점에 도착하지 않아서 부지런히 가고 있는 그들이다. 새벽 4시 반의 하버드대생들처럼. 그런데 그대들은 왜 목표지점을 향해 뛰다가 누워버리는가? 아니, 왜 목표지점이 어디인지 잊어버렸는가?

"학점과 영어는 기본 이상은 돼야 해요. 그게 안 되면 성실성에 문제가 있다고 봐요. 사실, 인사담당자가 보는 기준에서는 기본 스펙 정도면 충분하고, 그 기준점 이상이면 정말 신경 쓰지 않아요. 문제는 사람들이 스펙이 워낙 좋다 보니까 종합 점수로 밀기 시작하면 뒤로 밀려버린다는 거죠. 스펙 안 본다는 얘기는 이제 그 정도 선이 되어버렸다는 거예요."

그렇다면 학점관리를 못 해서 성실성이 낮다고 평가받을 그대들은 어떻게 해야 할까? 3.0대 학점을 커버하고 ○○배터리 전문제조업 A사에 최종합격한 사람이 있다.(한경리크루트 홈페이지 참고) 그가 면접에서 받은 질문이 있다. "학점이 왜 낮나요?" 낮은 학점에 대한 면접관들의 날카로운 질문에 대한 무기를 만들었다. 면접에서 낮은 학점에 대한 질문을 받았을 때 '성실하지 않아서'라고 솔직하게 답변했다고 한다. 그러면서 '그때 성실하지 못한 점에 반성을 하고 있다. 하지만 낮은 학점을 보완하기 위해 직무 관련 여러 자격증을 취득했다'고 답변했다고 한다. 이 지원자는 '회사에 대해 얼마나 알고 있느냐'보다는 '지원 직무에 얼마나 적합한 사람인지'에 방점을 두고 자소서를 작성했다고 하였다. "같은 학부를 나온 친구들 대부분이 생산관리, 품질관리 분야로 취업을 준비하지만 저는 기업에서 원재료의 생산·유통 등 모든 공급망 단계를 최적화해 수요자가 원하는 제품을 제공하는 SCM에서 일해보고 싶은 마음이 커 이 직무를 선택하였습니다. 그래서 SCM 직무와 관련한 CPIM(생산재고 관리사) 자격증, 유통관리사 2급 등도 취득하였죠." 그 후 그는 자소서에 지원 직무에 자신이 얼마나 적합한 사람인지를 어필했다고 한다. "보통 자소서 작성 시 지원하는 기업을 분석합니다. 그런데 저는 기업 분석에 집중하기보다는 실제 제가 입사했을 때 지원할 기업의 사업과 지원 직무에 어떤 점들을 기여할 수 있을지, 그리고 강점 및 역량을 최대한 나타냈습니다. 실제 대기업 계열사 1차 면접에서 이렇게 작성한 자소서로 칭찬을 받았습니다." 회사는 조직이다. 팀으로 구성되고 시스템으로 일을 한다. 그러니까 구성원 중 한 명이라도 불성실하다면 그로 인해 결함이 생기기도 하고, 목표달성이 어렵거나 지연되기도 할 것이다. 회사는 이윤을 추구하는 곳이다. 시간이 돈이고 시스템 유지가 생명이다. 시간도 시스템 유지도 구성원이 만들어낸다. 그러니 구성원들이 각자의 위치에서 제 역할을 성실히 수행하는 자세가 얼마나 중요하겠는가?

성실함은 한 번 잘해서 되는 것은 아니다. 누가 보든 안 보든 매일같이 알아서 할 일을 하는 것이다. 그 할 일은 아주 작고 사소한 일들의 연속일 경우가 많다. 그래서 많은 사람들이 작은 일들을 대수롭지 않게 생각하고 넘어가는 경우가 있다. 한 회사가 돌아가는 것은 큰일들만 잘 해서 되는 것이 아니다. 오히려 작은 일들이 훨씬 많을 것이다. 그 작은 일을 소홀히 하여 큰일을 망치는 경우가 많기도 하다. 그래서 사소한 일도 크고 중요한 일처럼 책임감을 가지고 성실히 수행하는 습성이 필요하다. 그렇게 중요한 성실함을 그대들은 어떻게 인사담당자들과 면접관들에게 어필할 것인가를 고민해야한다. "저는 정말 성실한 사람입니다"라고 말한다고 해서 성실을 인정받을 수 없다. 경험했던 사례를 통해 스토리 속에서 성실함을 느낄 수 있게 해야 한다. 침대 정리, 방 청소, 집안일 돕기, 건강관리 등 매일 누가 보든 안 보든 제 할 일을 하는 습관을 가질 때 성실함의 향기가 느껴질 것이다. 이렇듯 소소한 일도 정성을 담아서 꾸준하게 하는 것이 중요하다.

"천재? 37년간 하루도 빠짐없이 14시간씩 연습했는데, 그들은 나를 천재라고 부른다."

-바이올린 연주가, 작곡가 사라사테

매너가 사람을 만든다_ 매너의 기본

불량배: "무슨 낯짝으로 여기 와? 제정신이야?"

해리: "우릴 내버려두면 몹시 고마울 것 같군."

불량배: "당장 안 사라지면 영감은 뼈도 못 추려."

에그시: "농담 아니에요. 빨리 가세요."

해리: (출입문을 잠그면서 하는 말) "매너가 사람을 만든다. 무슨
　　　뜻인지 아나? 내가 가르쳐주지."

영화 <시크릿 에이전트>에서 가장 탐나는 한 장면으로 주인공 해리가 불량배들을 무찌르는 장면이다. 가만히 앉아 있는 해리를 건드린 불량배들, 매너를 지키지 않으니 매너남이 어떻게 변하는지 보여주는 영화의 한 장면. 그대들은 취업의 현장에서 가만히 앉아 있는 채용담당자들을 어떻게 대하고 있는가? 이력서로, 자소서로, 면접에서 그대들의 모습을 들여다보길 바란다. 애그시의 손에 쥐어 있는 우산은 보통 우산이 아니다. 방패와 총이다. 그렇듯 채용담당자들도 그

대들을 조준할 무기를 가지고 있다. 방아쇠를 당기는 순간 그대들은 끝이다. 탈락이다. 그러니 채용담당자들의 마음을 자극하지 말아야 한다. 그대들이 매너를 지키지 않으면 채용담당자들도 그대들에게 매너란 무엇인가를 보여줄 것이다. 그대들이 대하는 대로 대해준다.

거짓말 NO! 요즘 많이 하는 말이 있다. '인성도 실력이다.' 그런데 인성이 왜 실력이 될까? 채용담당자들은 조직의 입장에서 사람을 뽑는다. 이미 선발되어 조직 내에서 일하고 있는 사람들과 새로 채용되어 온 신입사원이 함께 일할 수 있는가를 본다. 그 방법 중 하나가 인성검사이다. 인성검사를 통해 조직의 적합성을 판단한다. 조직의 적합성에 가장 위험한 것이 무엇인지 아는가? 거짓말하는 것이다. 자기의 유익을 위해 거짓을 말하는가? 인성검사에 숫자로 바로 나온다. 조직의 적합성에 위험성 있는 지원자를 선별하는 것이 인성검사. 그렇다면 솔직하게 인성검사에 임해야 한다. "솔직하게 체크해야 돼요. 인위적으로 체크해서 인재 부합도가 높게 나올 수는 있지만, 응답 일관성에서 라이어가 나오면 탈락이거든요." "일반적인 인성을 가지고 있는 사람이라면 누구나 통과할 정도인데 왜 떨어지느냐? 붙어야 되겠다는 욕심으로 인해서 자기 자신이 아닌 것처럼 꾸미려고 하다 보니까 떨어지는 거예요. 옳게 보이는 것만 체크하면 떨어질 수 있다는 거죠. 인성검사의 목적은 높은 점수를 찾는 게 아니라, 정말 이상한 애들을 걸러내는 거죠." 그러니 거짓말하지 마라. MSG가 그대들의 발목을 잡고 넘어뜨릴 수 있다. 하지 않은 일을 했다고 적는 사람은 거의 없겠지만 어깨너머로 본 일을 자신이 경험한 것처럼 적는다든지, 경험은 했는데 제대로 하지 않아서 잘 알지 못하는 것을 MSG를 팍팍 쳐서 맛을 내어 적는다. 거기에 대한 송곳 같은 질문은 생각지도 않고 말이다. 적는 것은 사실이어야 한다. 그래야 답을 할 수 있다. 그래야 통과할 수 있다. 'MSG=라이어' 이렇게 인식되는 순간 그대는 최악의 사람으로 판단해버린다. 탈락이다. 잔칫상에 올리려 MSG를 이용했을 뿐인데, 잔칫상은커녕 쓰레기통에 버려지고 마는 것이다.

동문서답 NO! 그대들은 입사를 위해 먼저 면접관을 통과해야 한다. 면접관의 마음 문을 여는 것이 먼저다. 그러니 면접관에 대한 매너를 지켜라. A를 물어보면 A를 대답해라. A를 물어볼 때 딴생각을 하다가 B를 대답하는 지원자들이 있다. 동문서답한다. 그 사람을 누가 좋아하겠는가? 결정적인 순간에 정신 줄을 놓는 사람인데 말이다. 면전에서 딴생각을 하다니. 쯧쯧. 최악의 상황이 생긴다. 면접관은 마음으로 그대에게 얘기한다. "매너가 사람을 만든다. 무슨 뜻인지 아나? 내가 가르쳐주지. 일어서. 뒤로 돌아 집으로 가!"

평상복, 셀카 NO! 면접관은 사람임을 명심해야 한다. 한번은 선발과정에 면접을 보러 온 학생이 있었다. 그 모습은 청학동에서 살다가 온 것처럼 머리와 복장이 개성이 있었다. 좋게 생각하면 개성을 발휘할 줄 아는 젊은 청년으로 인식할 수도 있다. 그 면접장소가 연예인을 뽑는 곳이라면 말이다. 그런데 그날 면접은 연예인 뽑는 것이 아니었다. 규정과 일정한 틀 안에서 통일된 삶을 살아야 하는 조직에 적합한 인원을 뽑는 곳이었다. 그러니 부정적 평가를 받을 수밖에 없었다. 마음가짐이 미치지 못했기 때문이다. 그렇다. 그대들이 지원하는 곳에 적합한 이미지를 연출해야 한다. 사진이 필요한 곳에서는 그대의 이미지는 최상이어야 한다. 개성을 부린다고 평상복으로 찍고, 준비 시간이 없어서 급하게 찍은 듯한 냄새를 풍기지 않도록 해야 한다. 깔끔하고 단정한 모습을 위해 정장 입고 사진을 찍는 것이 낫다. "서로의 수많은 텍스트 중 유일한 시각자료는 사진 뿐이에요. 당연히 눈이 갈 수밖에요. 사진은 중요하죠. 사진 때문에 뽑히진 않지만 떨어지는 경우가 간혹 있거든요. 정장을 입지 않았거나 셀카를 찍어서 내는 분도 있는데, 그건 성의 문제라서 바로 떨어뜨리죠. 기본이 안 된 거잖아요."

CTRL+C, V NO! 지켜야 할 매너가 또 있다. 수십 군데에 입사 지원서를 제출해야 되는 그대들의 입장을 이해하지만 최소한의 성의는 보여야 한다. CTRL+C, CTRL+V. 그대들이 지원한 회사에 Right people임을 증명하라고 했다. CTRL+C, CTRL+V는 그대들이 Right people이 아니고 common people임을 보여주는 것이다. CTRL+C, CTRL+V는 동일 부품을 가지고 아무 제품에 사용하겠다는 것이다. 필요하지도 않은 부품이고 맞지도 않은 부품이고 잘못 판단해서 사용했다가는 제품 자체가 고장이 나서 막심한 손해를 볼 수도 있다. 그러니 누가 채용하겠는가? 그대들이 채용담당자 입장이라면 그런 지원자를 채용하겠는가? 보지도 않고 필터링 되어 사라지고 말 것이다.

아웃소싱타임스에 나온 어느 업체의 채용하고 싶지 않은 신입사원 유형이다. 1위는 '동문서답, 말귀가 어두운 유형(40.5%)'이었다. 다음으로 '면접 시간 지각 등 불성실해 보이는 유형(39.0%)과 개인

주의가 강해 보이는 유형(22.1%)' 등이 채용하고 싶지 않은 신입사원 유형으로 선정됐다. 기본 매너에 있어 문제가 있다고 생각하는 것이다. 다시 영화 <시크릿 에이전트>의 한 장면으로 돌아가 보겠다. 조용히 앉아서 대화하는 해리와 에그시에게 시비를 거는 불량배들. 해리는 자기를 건든 불량배들을 향해 외친다. "매너가 사람을 만든다." 가만히 있는 인사담당자들과 면접관들에게 매너 없게 굴지 말자. 취업하려고 지원했으니 매너를 지켜라. 그렇지 않으면 시작도 해보기 전에 탈락하고 말 것이다. 잊지 말아라. 그대들을 뽑는 인사담당자들과 면접관들은 감정이 있는 사람이라는 것을. 그러니 그대들의 매너가 면접관의 불편한 감정을 건드리지 않게 주의해야 한다. 그대의 매너가 취업을 결정한다.

7

'나'보다는 '팀'_ 팀워크의 기본

"자신보다 더 뛰어난 사람을 찾아서 그들과 함께 일하라. 그래야 성장하고 배울 수 있다. 혼자서 성장하는 것은 한계가 있다. 동료와 함께 성장해야 한다. 개인의 성공보다 팀의 성공이 진정한 발전의 원동력이다."

-구글 CEO 순다르 피차이

동료와 함께 이뤄낸 0.23초. 2010년 밴쿠버 동계올림픽에서 독일과 미국과의 팀추월 준결승 경기가 열렸다. 독일선수들은 5바퀴까지 미국과 거의 비슷하게 기록을 유지하였다. 하지만 끝에서 달리던 프리징거포스트마 선수가 앞선 선수들과 점점 격차가 벌어지는 게 아닌가? 지친 모습이 화면으로 보기에도 역력했다. 팀추월 경기는 마지막 주자의 기록으로 순위를 매긴다. 그녀가 뒤처지는 것을 본 앞선 주자들은 그녀를 외면하지 않고 기다려주었다. 결국 그녀는 다리가 풀렸지만 몸을 던지다시피 하여 결승선을 통과하였다. 빙판에 엎어진 채 그녀는 자신 때문에 졌다고 빙판을 주먹으로 치며 눈물을 흘렸다. 자신으로 인해 팀이 좋은 성적을 내지 못했다는 자책을 하고 있었다. 그런데 놀라운 일이 일어났다. 미국을 0.23초 차이로 이긴 것이다. 슬픔이 환호성으로 바뀐 순간이었다. 동료와의 팀플레이가 중요한 팀추월 경기에서 팀워크를 통해 이룬 놀라운 성과였다. 이런 팀워크를 바탕으로 독일팀은 결승전까지 진출하여 금메달까지 획득하는 쾌거를 이뤘다. 여기에서 눈여겨볼 만한 상황이 있다. 뒤처지고 있는 동료를 본 앞선 주자들의 행동이다. 기다려주었다. 그들은 개인전이 아니라 팀추월 경기라는 것을 명확히 인지하고 그 상황에서 최선의 선택을 한 것이다. 기다려서 뒤처진 동료가 따라올 수 있게 해주고 뒤처진 동료는 기다려주는 앞선 동료들의 마음에 힘입어 최선을 다한 것이다. 그 팀워크의 과정이 좋은 결과를 가져왔다. 면접 간 토론의 과정에서 그대들은 팀추월 경기의 독일팀과 같은 모습을 보여주어야 한다. 양보하고 동의하면서도 최선을 다하는 모습. 더하여 세종대왕의 한글 창제 목적을 기억하라. 모든 백성이 소통이 가능하도록 한 것처럼 모두가 알기 쉬운 말을 하라는 것이다. 분명히 기억해야 된다. 개인전이면서도 단체전이다. 그중에서도 단체전임을 명심해야 한다. 팀워크의 평가는 과정 중에 결정된다.

자기 살기에 급급한 순간에 팀원으로서 선택, 킹스맨 테스트. 영화 <시크릿 에이전트>에서 킹스맨이 되기 위해 펼쳐지는 테스트는 보는 이들로 하여금 긴장감을 더해준다. 첫 번째 테스트는 잠을 자고 있는 사이에 방에 물이 차오르기 시작한다. 누군가 외친다. "변기구멍에 넣을 튜브를 찾아!" 그러니 누군가 외쳤다. "샤워기!" 모두가 샤워기 있는 곳으로 가서 샤워기에서 튜브를 분리하여 변기에 집어넣고 산소를 공급받고 있었다. 유일하게 다른 행동을 한 에그시. 그는 출입문을 열어보려 하였으나 포기하고 동료들이 있는 곳을 바라보는데 뒤로 거울이 보였다. 그 거울을 향해 수영해 갔다. 이리저리 살펴더니 주먹으로 몇 번 때리니 금이 갔고, 깨는 데 성공했다. 물살과 함께 밖으로 나올 수 있어 살았다. "첫 테스트 통과를 축하한다. 찰리, 록시, 아주 잘 했다. 모르는 사람을 위해 말해주는데 배관 U자 부분에 튜브 끼우면 산소를 공급받을 수 있다. 간단한 물리학이지. 기억해두도록. 에그시! 위장 거울인 걸 잘 알아냈어! 얼굴에서 웃음기 지워. 내 기준으로 너희들 모두 탈락이다. 가장 중요한 점을 잊어버렸지. 팀워크!" 그러면서 손가락으로 어디론가 가리키는데 모두들 그 방향을 보고 놀랐다. 동료 한 명이 죽어 있었던 것이다. 목숨이 오가는 상황에서 자기 살기에 급급한 나머지 팀원을 확인하지 못한 것이다.

두 번째 킹스맨 테스트가 4분 10초간 긴장감 속에 진행되었다. 6명의 팀원이 고공강하를 하였다. 뛰어내릴 자신이 없던 록시가 마지막 순서로 뛰어내리는 데 성공하였다. 모두가 즐겁게 고공낙하를 즐기고 있을 때 들리는 소리가 있었다. "다들 아주 신났군. 그렇게 단순한 줄 알았나? 그냥 뛰어내리는 건 바보라도 해. 킹스맨 에이전트라면 큰 압박 속에서도 문제를 해결해내야 하지. 가령, 한 명에게 낙하산이 없다면 어떡할 건가?" 모두 난리가 났다. "누가 없어? 누가 없어? 어떡하지?" 이 와중에 또 들리는 소리. "말했듯이 타깃에 착륙하되 레이더에 걸리지 말도록. 시체 치우는 일은 없으면 좋겠군. 만약 낙하산 없이 타깃에 착륙한다면 내가 아주 감동받을 거다." 이

소리를 듣고 모두가 더 난리 통이다. 이때 에그시가 상황조치를 해 나간다. "나한테 좋은 생각이 있어. 짝을 지어 가까운 사람을 잡아." 그런데 그중 '루푸스'가 싫다고 하면서 혼자서 낙하산을 펴고 이탈 해버린다. "루푸스, 이 나쁜 자식. 한 명이 모자라. 서둘러 원을 만들 어." "에그시 말대로 해." "한 명씩 차례대로 낙하산 펴는데 안 펴지 면 오른쪽 사람이 잡아줘." 모두가 에그시의 말대로 하기로 했다. 또 다시 들리는 소리 "좋은 계획이군. 에그시, 30초 남았다. 서둘러." 3 명이 낙하산을 펴는 데 성공했다. 이제 남은 사람은 에그시와 록시 였다. 록시는 잔뜩 겁에 질려 있었다. "록시, 어떻게 되든 날 믿어." "알았어, 에그시." 고도 낮음의 경고가 뜨고 더욱 긴장감은 더해갔 다. 평가관도 긴장했는지 마시던 커피 잔이 바닥에 떨어져 깨지고 만다. 긴장에 긴장을 더하는 순간 가까스로 록시의 낙하산이 펴졌다. 에그시의 낙하산이 없었던 것이다. 그때 주저함이 없이 에그시는 록 시의 몸을 필사적으로 붙잡았다. 구사일생으로 에그시와 록시는 타 깃에 안전하게 착지했다. 이렇게 4분 10초의 긴장감 넘치는 액션이 끝이 났다.

극한 상황에서 6명 중 1명에게 낙하산이 없다는 것을 알았을 때 어떻게 대처할까? 팀워크만이 한 명도 죽지 않게 할 수 있었다. 팀 워크가 깨지면 낙하산 없는 1명은 죽을 수밖에 없는 것이다. 자기만 살겠다고 팀원을 떠나 독자 행동을 한 '루푸스'와 같은 사람이 될 것인가? 아니면, 위기의 순간에 지혜를 발휘하여 팀원 모두가 살 수 있는 방법을 제시하며 위기를 벗어나는 '에그시' 같은 사람이 될 것 인가? 적어도 '루푸스' 같은 사람이 되어서는 안 된다.

헬렌 켈러는 말했다. "혼자서 낼 수 있는 성과는 작습니다. 함께 할 때 우리는 큰일을 할 수 있습니다." 지금의 세상은 하루가 다르게 변화를 맞이하게 된다. 그래서 변화에 즉각 대처하며 가기 위해 팀 단위 임무가 중요하게 되었다. 그래서 단체생활 경험이 많지 않은 그대들에게 팀워크 경험은 중요하다. 그런데 팀워크는 생각만으로 이루어지지 않는다. 생각이 습관이 되어야 하는 것이다. '나'보다는 '팀'이라는 생각을 놓치면 '루푸스' 같은 행동을 하게 된다. 같이 일할 수 없는 사람이다. 그러니 고공낙하 중의 '에그시'처럼 행동하는 법을 배워야 한다. 첫 직장에서 팀워크로 성과를 내기 위해 노력해라. 그래서 모두가 함께 일하고 싶은 사람이 돼라. 이런 사람이 조직에 필요한 사람이고 핵심 인재로 성장할 가능성이 크다.

"조직을 승리로 이끄는 힘의 25%는 실력이고 나머지 75%는 팀워크이다."

-풋볼 감독 딕 버메일

CHAPTER
06

7Basic 실행력을
키우는 21일
전략

1

1단계(1~4일): 생각 깨뜨리기(Break)

1일 사회 탓보다 내 탓

생각도끼 1: 열악한 환경에도 끈질기게 노력한다

2015년도 노벨상 수상자에 대한 기사를 보았다. 그중에 우리나라와 같은 아시아권인 일본과 중국에서 노벨 생리의학과 물리학 두 분야에서 일본인 3명과 중국인 1명이 공동수상하였다. 이 결과를 놓고 우리나라에서는 자괴감의 소리가 들렸다. 장기적 투자, 과학자 존중 사회풍토 조성, 기초과학 진흥 등의 중요성을 강조하는 소리들을 쏟아냈다. 어느 교수는 정작 중요한 것은 '과학자들이 전문 분야에 평생 몰두하는 끈덕진 근성이 요구'됨을 빼놓아서는 안 된다고 강조하였다. 그러면서 '우리 국민은 두뇌가 명석하고 회전이 빠르며 약삭빠르다. 그래서 경제성장도 약삭빠르게 빨리 달성할 수 있었고 '한강의 기적'도 일궈냈다. 그러면서도 우리나라 전문가들에게는 전문 분야에 미련스럽게 집착하는 근성이 결핍되어 있다. 가시적인 단기

성과에 집착한다. 너무 약삭빠른 탓인지도 모른다'고 지적했다. 환경 탓하는 우리나라에 비교하여 중국과 일본 노벨상 수상자에 대한 기사 내용은 어떨까? 연구환경이 열악해도 끈질기고 집요한 노력으로 이뤄낸 성과임을 알 수 있다.

"노벨 생리의학상을 수상한 일본의 오무라 사토시 기타사토대 명예교수는 지방대 출신이고 학창 시절 스키선수였다. 그는 미생물 연구를 위해 항상 지갑에 미생물 샘플 봉지를 갖고 다니며 퇴근할 때나 출장 갈 때나 흙을 채취했다. 유명 제약회사들이 관심을 두지 않는 저개발 국가들의 감염병 치료 연구에 평생을 바쳤다."

"중국의 투유유 연구원은 베이징 대학 의대 재학 시절부터 천연약물 연구개발에 관심을 갖기 시작, 1955년 위생부 산하 중국전토의학연구원에 들어가 오늘에 이르기까지 한 분야만 파고들었다. 그는 박사학위도 없고 중국 과학자에게 붙이는 최고 명예인 원사(院士) 선정에서도 탈락되었다. 그의 연구팀은 1971년 항말라리아 효과가 있는 100%의 칭하오(개똥쑥) 추출물을 발견할 때까지 190차례나 실패를 거듭했다. 바보스러울 정도의 끈기 발휘였다."

취업을 준비하는 그대들이여! 노벨상 수상자들과 비교하니까 마음이 불편한가? 깨달음이 필요하다. 깨달음이 생각의 도끼다. 위 두 사람의 노벨상 수상자들의 이야기를 통해 무엇을 배울 수 있을까? 그들에게는 평생의 끈질긴 노력이 있었다. 그 노력의 결과로 노벨상을 수상한 것이다. 물론 그 연구가 지속될 수 있도록 경제적 지원 등의 여건 마련이 있었을 것이다. 그러나 그런 환경이 주어진다 하더라도 그들의 끈질긴 노력이 없었다면 이루어낼 수 없는 결과다. 그 정신이 중요하다. 그 정신을 취업을 준비하는 그대들도 가져야 한다. 가시적이고 단기 효과를 노리는 약삭빠른 두뇌만으로 취업 성공을 한다 해도 입사 후 곧 퇴사할 것이다. 일자리 부족 등 정부 탓, 사회 탓만 하지 말자. 적어도 3~6년을 오직 취업준비에 매달리지 못하는 '내 탓'부터 해야 한다. 위 노벨상 수상자들처럼 수십 년 매달리는 것은 아니지만 몇 년을 취업준비에 미련스럽게 집중하는 근성과 노력이 체질화되어야 한다. 이럴 때 취업 성공으로 가는 문이 열릴 것이다.

🔨 생각도끼 2: 취업의 목적이 답이다

얼마 전에 군복무 중인 한 병사와 진로에 대해 이야기할 기회가 있었다. 그 병사는 교사가 되고 싶어 했다. 요즘 교사 되는 것도 쉽지 않은 것 같다는 나의 말에 그는 이렇게 대답했다. "저는 교사가 되고 싶습니다. 그래서 도시가 안 되면 시골로 지원할 것입니다. 섬도 괜찮습니다. 가르칠 수 있는 곳이라면 어디든 갈 마음입니다. 우리나라에서 어렵다면 해외로도 갈 생각입니다." 그의 취업준비에 대한 마음이 변하지 않는다면 길지 않은 기간 내에 취업이 될 것으로 보인다. 취업에 대한 목적이 분명하기 때문이다. 취업에 대한 생각이 취업준비 기간을 단축시킨다. 사회 탓, 정부 탓만 하고 있다면 손해는 취업준비생들 몫이다. 취업 여건 마련에는 사회, 정부의 몫이 분명히 있다. 그러나 취업 여건이 변하기를 기다리다가는 취준생들만 고통의 연속이다. 그러니 생각을 바꾸고 취업준비에 끈기 있게 도전하길 바란다. 고등학교 졸업 후 취업에 뛰어드는 사람들은 고등학교 3년을 전심을 다해야 한다. 대학생들은 1학년부터 취업준비를 해야 함을 잊지 말자. 수능 준비로 여유 없이 보낸 인생을 대학에 입학했으니 일단 놀고 보자는 식의 생활은 그대들 취업준비에 손해다. 대학은 취업으로 가는 과정에 불과하다. 그런데 왜 목표로 가는 과정 중에 만족하며 정신없이 살려고 하는가? 정신 차리니 4학년 2학기인가? 치열한 수능 전쟁에서 살아남았으면 잠시만 휴식 시간을 가져라. 너무 길면 안 된다. 갈 길이 멀다는 것을 생각해야 한다. 남자라면 군복무 기간을 고려한다면 4∼6년 동안의 치밀한 취업준비가 필요하다.

취업준비는 노벨상 수상자들처럼 수십 년 준비가 아니다. 취업은 그대 하기 나름이다. 이것을 인정하는 사람은 취업이 안 되는 이유를 '내 탓'에서 찾을 것이다. 이제 취업이 안 되고 늦어지는 이유를 그대 자신으로부터 찾아야 한다.

내 탓이오.

내 진로를 아직 결정 못 한 것도,

너무 늦게 취업준비 시작한 것도,

내가 무엇을 잘하는지 알지 못한 것도,

내가 지원할 회사와 직무를 정하지 못한 것도,

직무 경험의 기회를 더 열심히 찾아보지 못한 것도,

취업하고 싶은 회사와 직무에 대해 깊이 있게 연구 못 한 것도,

내 탓이오. 내 탓이다.

2일 │ 팔로워지만 리더 생각으로 살기

🔨 생각도끼 3: 나는 리더다

유능한 팔로워는 유능한 리더다. 나는 리더가 되고자 하는 아들에게 좋은 리더, 유능한 리더가 되기 전에 철저한 팔로워가 되라고 이야기한다. 철저히 팔로워가 된다는 것은 셀프 리더십의 완성을 의미한다. 자기를 리드할 줄 아는 사람이 강한 사람이고 다른 사람을 리드할 수 있기 때문이다. 그럼 회사는 어떤 사람을 원할까? 어떤 사람이 회사에 더 많은 유익을 줄까? 팔로워 생각으로 살아가는 직원보다 리더 생각으로 살아가는 직원일 것이다. 주인의식을 가질 때 회사의 유익을 위해 더 많은 것을 생각하고 더 많은 것을 보게 된다. 팔로워는 업무능력과 태도로 평가할 수 있다. 그럼 그대 자신의 수준은 어디인가?

업무능력도 좋고 태도도 좋은가?	업무능력은 좋고 태도는 안 좋은가?
업무능력은 부족하고 태도는 좋은가?	업무능력도 부족하고 태도도 안 좋은가?

그대 자신의 수준을 잘 분석해서 부족한 부분을 채워나가야 한다. 리더라고 생각하는 사람일수록 업무능력도 좋고 태도도 좋은 쪽에 속해 있다. 여기서 나는 태도에 집중했다. 태도야말로 그대의 삶에 지속성을 유지시켜 주리라 믿기 때문이다. 내가 30년을 한 직장에서

지내보니 그걸 느꼈다. 태도의 중요성이다. 내가 면접관이 되어서 수백 명의 청년들을 만나 질문하고 그들의 태도를 보며 평가해보았다. 다른 면접관들의 생각을 들어봐도 비슷한 생각을 가지고 있다. 조직에 기여할 수 있는 인재를 선발하는 면접관들은 태도를 중요하게 생각한다.

"시켜만 주시면 뭐든지 잘 할 자신 있습니다." 예전에는 이 말이 굉장히 좋게 들렸던 기억이 있다. 그런데 요즘은 마냥 그렇지만은 않게 들린다. 그렇게 말을 하는 사람에 대해 높은 평가를 하지 않는다. 그 말은 리더의 자세가 아닌 팔로워의 자세로 살겠다는 의지를 표현한 말이기 때문이다. 수동적이고 피동적인 자세를 누가 좋아하겠는가? 지금은 안 시켜도 잘해내는 사람이 필요한 시대다. 주인정신을 가진 사람, 이것을 달리 말하면 기업가 정신을 갖춘 사람이다. 예전에는 리더에게 모든 정보가 집중되었다. 리더로부터만 정보를 얻을 수 있었기에 리더의 지시에 잘 따르면 되었다. 그러나 지금은 정보의 비대칭 현상이 많이 줄어들었다. 어떤 부분에서는 팔로워들이 리더보다 더 나은 정보를 가지고 있기도 하다. 팀 단위 활동이 많아지고 조직이 수평화되어 가는 현실에서 리더의 말에 무조건 따라가는 팔로워는 바람직하지 않다. 함께 고민하고 자기가 가지고 있는 정보를 공유하여 최선의 안을 만들어 팀워크를 발휘해야 한다. 리더의 일방적인 업무추진에 끌려가는 팔로워는 일은 쉽게 할지 몰라도 자기 성장을 이루지 못한다. 더욱이 리더의 생각만으로 진행된 업무는 팀의 승리를 보장하지 못할 수 있다. 리더 한 사람의 생각으로 추진한 업무와 팀원 모두가 리더가 되어 추진한 업무 중 어느 팀의 업무성과가 좋을까? 사람에 따라 차이는 있겠지만 팀원 모두가 리더의 입장으로 업무를 추진한 팀이 더 좋은 성과를 내지 않을까?

채널A에서 <신입사원 탄생기-굿피플>을 방영했다. 이 방송은 팀 속에서 개인의 역할과 협업이 관찰 대상이었다. 이런 이야기가 있다. '훌륭한 리더는 팔로워가 만든다.' <굿피플> 9회에서는 팀 과제를 수행하는 인턴들에게 기획부동산 사기사건 해결 과제가 주어졌다. 팀장은 임현서 인턴과 이상호 인턴이 맡았다. 대부분의 패널들은 부동산에 대한 지식이 풍부한 임현서 팀의 승리를 예상했다. 그러나 결과는 예상과 달랐다. 부드러운 분위기 속에서 의견을 나누었던 이상호 팀의 승리로 나타났다. 왜 그랬을까? 임현서 팀은 팀장의 해박한 부동산 지식에 이끌려갔다는 점이다. 팀원 중 한 명이 의견을 제시했을 때 그 의견을 수용하지 않고 팀장의 의지대로 이끌어갔다. 그때 팀원의 표정은 어두워져 갔다. 결국 임현서 팀은 '함께'가 아니라 팀장이 이끄는 대로 '따라가는' 태도로 과제를 수행한 것이다. 반면에 이상호 팀은 현장팀과 사무실팀으로 구분하여 처음부터 끝까지 상호보완적인 팀워크를 발휘했다. 완벽한 팀워크의 승리였다. 팀원은 같은 구성원이다. 리더만 바라보는 팔로워, 시키는 것만 하는 팔로워는 'NO!' 팀장과 팀원 간의 케미가 없는 관계는 좋은 성과를 낼 수 없는 것이다.

지금은 팔로워지만 'I'm 리더, I'm CEO'를 생각에서 잊지 말고 생활하는 습관을 기르자.

<유능한 팔로워로 인정받는 8가지 방법>

F: Fast Response (반응이 매우 빠릅니다)

O: Originality (나를 차별화 할 수 있습니다)

L: Limitless (나에게 한계는 없습니다)

L: Listen (리더가 하는 말을 잘 들어 보세요)

O: Optimistic View (긍정적인 면을 보는 눈을 가지세요)

W: Wisdom (지식보다 지혜가 필요합니다)

E: Energy (회사 분위기를 바꿀 수 있는 에너지가 있어야합니다)

R: Reader (책을 읽어 좋은 리더의 경험을 간접 흡수합니다)

-출처: 박헌건의 리더십 칼럼

3일 기회는 끝까지 찾아가는 자의 것이다

이 책을 읽고 있는 그대는 다섯 명 중의 한 명에 속해 있을 가능성이 클 것이다. 청년층 체감실업률 20%로 볼 때 청년 다섯 명 중 한 명은 논다는 것인데 그 한 명이 그대인가? 다섯 명 중의 한 명에서 벗어날 가능성은 갈수록 희박해져 가고 있다. 취업절벽이 갈수록 가팔라진다. 엎친대 덮친 격으로 2020년에는 '코로나 세대'가 탄생했다. 전 지구촌의 쇼크다. 그대들에게 취업은커녕 알바도 구하기 어려운 현실이 되었다. 그러니 기회를 기다리다가는 영영 그대의 기회를 맞이하지 못할 수 있다. 찾아가야 한다. 그대의 기회를 적극적으로 찾아 나서야 한다. 완전한 무장을 하고 말이다.

🪓 생각도끼 4: 재도전하기 전에 복기하라

"취업절벽… SKY 나와도 30전 30패."

한국경제의 기사 제목이다. SKY도 울고, 지방대도 울 내용이다. 30전 30패의 기록을 보유한 S씨의 취업준비에 대해 '상반기 공채에서도 몇 차례 고배를 마신 후 여름방학 때 자격증을 따고, 수차례 자기소개서를 수정했지만 결과는 같았다'고 기사화하고 있다. 구체적인 내용은 알 수 없지만 기사 내용만으로 볼 때 기회를 잡을 무기를 제대로 준비 못 한 것 같다. 30패의 원인을 제대로 분석하지 못하고 무기를 제대로 준비하지 못하면 31전 31패의 가능성이 높을 뿐이다. 그러니 30패의 근본 원인을 철저히 분석해보고 취업 가능성이 높은 무기를 준비해야 한다. 공채의 고배를 마신 이유가 자격증이 없어서

였던가? 바둑기사들이 복기를 하면서 원인을 찾아내듯 꼼꼼히 찾아 봐야 한다. 어느 단계에서 고배를 마셨는지도 생각지 않고 무작정 자격증 등 책상에 앉아 준비하는 스펙을 강화하려고만 한다면 다시 생각해보자. 도서관 밖으로, 책상을 걷어차고 학원과 집 밖으로 나가서 온몸으로 준비해야 하는 경험이 부족했던가를 따져보길 바란다. 처음부터 다시 따져야 한다. '자기를 아는 것'으로부터 '취업하고자 하는 직무와 회사'를 정확히 연결해보자. 잘못된 연결이었다면 다시 연결해야 한다. 잘 연결되었다면 그대의 강점을 제대로 어필하지 못했는가를 살펴보는 등 꼼꼼히 분석하자. A부터 Z까지 철저히 분석해야 한다. 그런 다음에야 기회를 찾아 떠날 수 있다.

🔨 생각도끼 5: 기회를 찾아 떠나라

<뉴시스>에서 이런 기사를 보았다. "17년 만에 '첫 승' 감격… 30전 31기 꼴찌 반란 일으킨 아메리칸사모아 축구팀" 태평양의 작은 섬나라 아메리칸사모아가 17년 만에 국제경기에서 첫 승을 거둔 역사적인 날이었다. 그전의 치욕적인 순간을 이겨내고 첫 승을 기록한 기쁨은 이루 말할 수 없었을 것이다. 호주에 0-31 패배, 피지에 0-13 패배, 바누아투에 0-15 패배 등이 과거의 치욕스러운 기록이다. 축구 역사에 남을 기록 0-31의 패배에 좌절하지 않고 도전에 도전을 한 결과 1994년 국제무대 등극 후 31경기 만에 첫 승의 감격을 누렸다. 또 다른 특별한 날을 맞이한 아메리칸사모아 축구팀이었다. 축제였다. 그렇다. 30전 30패의 SKY. 여기서 주저앉으면 30패로 인생에 기록을 남기고 끝난다. 그러나 철저한 분석을 통해 제대로 준

비하여 31번째 도전을 한다면 아메리칸사모아 축구팀처럼 취업 첫 승을 거둘지 모른다. 31번째 기회를 찾아 나서야 한다. 30번째 실패에 좌절하고 주저앉아 있는 그대는 일어나라. 31번째 기회가 기다리고 있다.

2020년 코로나19. 취준생들에게는 원망의 대상이다. 코로나19로 취업의 문이 닫혔다. 셧다운. 취업뿐만이 아니다. 각종 시험도 취소, 알바자리도 해고되어 밥줄이 끊기고 있다. 이런 장애물이 없어도 취업의 문은 좁은데 코로나19로 더욱 좁아졌다. 아니, 더욱 굳게 닫힐지도 모른다. 이런 상황 탓에 이곳저곳에서 취준생들의 한숨 소리만 들린다. 취업준비를 하고 있는 방도 월세 감당이 어려워 고시원으로 옮긴다. 그것도 어려우면 고향 부모님이 계신 곳으로 낙향한다. 취업준비와 점점 멀어지고 있는 현실이다. 한국은행은 '2월 소비자동향조사 결과'를 발표했다. 취업기회전망 소비자동향지수(Consumer Survey Index: CSI) '81.' 전월보다 7p 하락했다고 한다. 이 지수가 취준생들의 마음을 대변하고 있는 듯하다. CSI는 현재와 비교한 6개월 후의 취업 전망을 나타내는 지수다. 100보다 작은 지수는 부정적인 응답이 많다는 것이다. 취준생들에게 소중한 총알(취업준비생들에게 기회를 뜻하는 은어) 한 발이 사라진 느낌이다. 무기가 있어도 총알이 없으면 아무 소용없지 않은가? 그러나 포기하지 말자. 그대의 한 발의 총알만 남아 있으면 된다. 원샷 원킬! 제대로 된 기회를 만나면 끝이다. 그때까지 포기 말자. 그리고 기다리지 말고 찾아라. 이제는 그래야 될 때다. 취업의 문은 좁아지다 못해 닫혔다고 느끼는가? 그럼 이제는 조금이라도 열려 있던 취업의 문을 통해 들어가려고 했던 마음보다 더 강한 마음이 필요하다. 굳게 닫힌 취업의 문을 열고 당당히 들어가겠다는 마음. 월간 리쿠르트가 제공한 취업 성공 스토리 중에 어느 취업 성공자의 말을 되새겨보자. "기회는 기다리는 것이 아니라 찾아가는 것입니다. 아무런 준비도 하지 않은 채 그저 어미 새가 물어온 식량을 입 벌리고 무작정 기다리는 아기 새처럼 취업을 꿈꾸는 것이 실현될 만큼 이 사회는 그렇게 쉽지 않습니다." 그렇다. 무작정 기다리다가는 영원히 기다리는 신세가 될지 모른다. 그대들에게 준비된 무기에 적합한 총알을 찾아 나서야 될 때이다.

기회와 창의는 '제약'에서 나온다. 어떤 환경의 제약이 있을 때 마음만 있으면 그 한계를 뚫을 방법을 찾는다는 것이다. 퇴근 중에 FM 라디오 방송에서 들은 이야기다. 코로나19로 인해 가수들이 계획된 공연을 취소 또는 연기하는 등 어려운 상황에 직면해 있다는 소식을 전했다. 그런 상황에서 가수 몇 명이 코로나19로 고생하는 국민들을 응원하는 음반을 냈다는 것이다. 처음에는 '사회적 거리두기' 때문에 모여서 음반 작업을 할 수 없기에 고민이 많았다고 한다. 모여서 음반 작업을 할 수 없다는 제약을 이겨내고 찾은 방법은 역할을 정해서 각자 집에서 녹음하고 한 명이 모아 음반작업을 하는 것이었다. 물론 퀄리티는 정식 음반작업실에서 하는 것보다는 떨어지겠지만 일반인들은 구분하기 어려울 정도라고 한다. 그렇다. 하고자 하는 마음이 있으면 환경의 제약을 뚫고 목적을 이룰 수 있는 방법이 생긴다. 환경에 지배받지 말고 굳게 닫힌 취업의 문을 열고 들어갈 수 있는 기회의 문을 찾아 떠나야 한다. 오늘이 그 날이다.

4일 안 되면 되게 하라

이 세상에서 제일 무식하다고 할 만한 말이 있다. "안 되면 되게 하라." 안 되는 것은 안 되는 것이지 어떻게 되게 하라는 것인가? 정말 무식한 말이다. 요즘 주변에서 쉽게 들을 수 있는 '꼰대'나 하는 말쯤으로 생각이 들 것이다. 그런데 나는 이 말을 특전사에서 근무하면서 7년 가까이 보고 듣고 그렇게 살려고 노력했다. 아니, 그렇게 살아야 했었다. 인정받기 위해서. 살아남기 위해서. 지금 생각해보면 나 같은 사람이 어떻게 그런 환경 속에서 7년을 지낼 수 있었는지 대견스럽기까지 하다. 세월이 흘러 '안 되면 되게 하라'는 의미를 되새겨보았다. 지금은 정말 필요한 말로 느껴졌다. 왜? 살다 보니 생각대로 안 되는 일이 너무나 많았다. 그래서 늘 생각했다. '안 되는 것은 어쩔 수 없지, 뭐.' 그런데 그때마다 나의 인생을 25년 이상 이끌어주시는 스승께서 늘 말씀해주셨다. '안 될 때는 방법을 달리하면 된다.' 그렇다. '안 되면 되게 하라'는 것은 '안 될 때는 방법을 달리하라'는 것이다. 그렇게 이해하니 무식한 말이 아니고 최첨단의 지혜로운 말이었다.

취업이 안 되어 실망에 낙망을 거듭하고 있는 그대들이여! 지금까지 취업준비를 어떻게 했는가? 취업 안 되는 방법으로 취업준비를 해온 것은 아닌지 돌이켜보자. 그동안의 준비 방향을 수정해야 될 필요성을 느끼는가? 그렇다면 다른 방법을 찾아야 한다. 취업에 성공할 수 있는 방법으로 준비해야 한다. 지금까지 잘못된 정보를 가지고 취업준비를 했든, 생각이 고착되어 다른 방법을 찾지 못했든지

간에 취업이 안 된 것은 명확한 사실이다. 그러니 더 정확한 정보가 필요하고, 또 다른 차원의 생각이 필요하다. 안 될 때는 방법을 달리해야 된다. 그 정신과 사상이 절실히 요구되는 취업 현실이다.

🔨 생각도끼 6: 한 놈만 패라

한주형 저자의 『대기업도 골라가는 지방대 저스펙 취준생의 비밀』이라는 책에 등장하는 취업 성공자의 사례를 들어보겠다. 남들과 다른 방법으로 대우조선해양에 입사한 지방 사립대 출신 이야기다. 그녀는 남다른 취업준비를 했다.

> '개인 블로그에 16개월간 대우조선해양 기사 스크랩, 대우조선해양을 한눈에 조망할 수 있는 옥녀봉 및 현장 견학을 통한 영상물 제작, 옥녀봉 4회 등반, 대우조선해양 현장 견학 5회 및 투어 대본 복원, 대우조선해양 홈페이지 게시판에 주변 파손 시설물 수리 요청 글 게시, 대우조선해양 관련 기사 내용을 다룬 포트폴리오 3개 제작, 대우조선해양 로고 맞춤 티셔츠 제작, 대우조선해양 직무교육 2회 참가, 경북대학교 대우조선해양 채용설명회 참가, 동아대학교 대우조선해양 채용설명회 2회 참가, 부산대학교 대우조선해양 채용설명회 참가, 한국플랜트산업협회 해양플랜트 강사와 이메일 서신'

이 지원자의 이력을 보면 대우조선해양의 정직원처럼 느껴진다.

직원도 보통 직원이 아니라 열정과 주인정신을 가진 훌륭한 직원이다. '나는 반드시 대우조선해양의 직원이 되고야 말 거야!'라는 강한 의지가 담긴 취업준비 활동을 한 것이다. 한 방향에 마음과 뜻과 목숨을 다해 집중한 취준생의 모습이 느껴진다. 채용자들은 이런 지원자를 면접하고 나면 '대우조선해양에 취업하려고 태어난 것 같아!'라고 서로 마음의 대화를 나눌 것임에 틀림없다. 이 지원자는 취업준비생들에게 '더욱더 간절한 실행력으로 도전'해보라고 말하였다. 직종과 회사를 확실히 결정했다면 이런 방법도 좋은 방법이다. 오직 하나의 목표에 모든 노력과 열정을 쏟아붓는 것이다. 싸움에서 이기는 전략 중 하나인 한 놈만 패는 것이다. '안 되면 되게 하라. 안 되면 방법을 달리하라.' 간절히 취업하고 싶은 자는 '되는 방법'을 찾고, 간절하지 않은 자는 '안 되는 핑계'를 찾는다.

상대와 대결하는 데 검이 짧다고 핑계를 대며 머뭇거리고 있는가? 생사가 달려 있는 결투의 순간에서 무엇을 주저하는가? '검이 짧으면 일보 전진하라'고 하는 말을 들어보지 못했는가? 공략지점을 선정하고 상대보다 빠르게 움직여 일보 전진해서 공격하면 된다. 지원 회사와의 마음의 거리를 좁혀라. 그대들의 마음을 일보 전진하여 지원 회사에 다가서라. 그러면 지금까지 보지 못했던, 아니 볼 수 없었던 회사의 모습을 보게 될 것이다. 다시 말해 공략할 수 있는 지점이 보일 것이다. 멀리서는 볼 수 없는 것들이 가까이 접근하면 보인다. 그때 이것저것 따질 것 없이 집중공략이다. 한 방향에 온 정신을 집중하는 것이다.

60번 떨어졌어도, 지방대 출신이어도, 괜찮다. 남들과 비교해 스펙이 보잘것없어도 좋다. 과거는 되돌릴 수 없으니 과거를 냉철하게

분석하고 미래에 희망을 두고 가야 한다. 그러기 위해서 지금까지와
는 다른 취업준비가 필요하다. 남들과 비교할 수 없는 차별화된 다
른 방법을 찾아내라. 남들보다 한 발 더 뛰어라. '안 되면 되게 하라'
는 정신을 가지고.

지금까지 그대들의 머리 속을 꽉 채우고 있는 취업이 안 되는 부
정적 생각을 깨뜨렸다. 이제부터는 부정적 생각이 떠난 자리에 성
공한 사람들의 생각을 채워 넣으면 된다.

2

2단계(5~7일): 생각 사기(Buy)

5일 성공한 사람들이 쓴 책 읽기

"나는 빨리 취업하고 싶어. 성공은 둘째 치고."

취업준비를 하는 그대들에게 성공한 사람들이 쓴 책을 읽어보라고 하니 어리둥절할지 모르겠다. 취업전문가도 아닌 사람이라 비전문가 냄새가 난다고 할지도 모를 일이다. 귀가 간지럽기까지 하다. 그대들의 하는 소리가 벌써 들려오기 때문이다. 그러나 이것을 알기 바란다. 모든 일은 사람이 하는 것이라는 사실이다. 이 말은 사람인 채용담당자가 사람인 지원자를 뽑는다는 것이다. 이렇다 보니 사람 냄새 나는 지원자를 좋아하고 호감을 갖게 되는 것이다. 이 사실을 조직생활하면서 줄곧 깨달았다. "함께 갑시다." 서로 다른 사람이 만나 하나의 목표를 향해 가고자 할 때 많이 듣게 되는 말이다. 이 세상에 태어나서 누구와 함께하는가가 굉장히 중요하다. 제일 처음 만나게 된 부모님은 어떤 분인가? 함께 자라는 형제자매들은 어떤 사람들인가? 친지, 동네 사람들, 학교 선생님과 학생들. 나이가 들면서 육적인 성장과 함께 정신적 성장이 함께 이루어지는데 그 과정에서 다양한 만남이 이루어진다. 사이가 좋았던 관계도 있고, 마음의 상처를 받고 관계성이 끊어진 사이도 있을 것이다. 늘 함께하고 싶은 사람도, 1초도 보기 싫은 사람도 있다.

이것이 취업의 현장에서도 동일하다는 것이다. 먹이를 찾는 하이에나처럼 함께할 사원의 사람 냄새를 맡고 있는 채용담당자들이다. 채용담당자들이 좋아할 사람 냄새란 무엇일까? 이 세상의 가장 비싼 향수들 중 하나인 샬리니(Shalini, 5,000달러)나 자르(Jar, 4,000달러)를 뿌린다고 되는 것이 아니다. 그런데 취업준비생들은 향수를 뿌려서 자신의 매력적인 냄새를 만들어내듯이 각종 스펙으로 냄새를 만들어내려고 하고 있다. 스펙 냄새는 그대의 냄새가 아님을 채용담당자들은 안다. 그래서 진짜 그대의 냄새를 맡고 싶어 한다. 채용담당자들이 맡고 싶어 하는 냄새를 어떻게 만들어낼 것인가? 나는 그 냄새를 성공한 사람들의 다양한 이야기들 속에서 찾아보라고 하고 싶다. 성공한 사람들의 냄새야말로 회사가 기꺼이 돈을 지불하고 사고 싶은 냄새일 것이다. 왜냐하면 회사는 그 분야에서 성공해야 하기 때문이다. 경쟁회사들과의 보이지 않는 전쟁에서 살아남아야 하는 회사들이다. 경쟁에서 살아남는 것이 성공이다. 지원자 중에서 성공으로 이끌어줄 것 같은 사람을 분별해내야 하는 채용담당자들이다.

취업을 원하는 그대들이여! 각 분야에서 성공한 사람들은 어떻게 성공했는지 알아보아라. 그리고 그 성공 냄새를 그대들도 풍기도록 살아보겠다고 다짐해보길 바란다. 성공한 사람들은 한순간의 성공을 이야기하지 않는다. 한 분야의 성공을 이야기하고 있다. 그래서 진짜 성공 냄새를 그들로부터 맡을 수 있다. 그렇지만 성공한 사람들을 만나기란 쉽지 않은 일이니 오늘은 그들이 썼거나 그들의 이야기가 담긴 책을 읽어보자. 도서관에서 빌려도 좋고, 서점에서 구입해서 읽어도 좋다. 그것도 어렵다면 인터넷을 검색하면 책만큼의 내용은 아니더라도 아쉬운 대로 접할 수 있을 것이다. 성공한 사람들의 분야는 다양하다. 분야별 성공방법을 보라는 이야기가 아니다. 성공하기 위해서 그들이 풍긴 사람 냄새를 맡아보라는 것이다. 코로 맡을 수 없는 냄새다. 마음으로 맡아라. 생각으로 맡아라. 성공한 사람들의 이야기를 읽는 동안 무언가를 통해 그대들에게 전달되는 미세한 감정을 느껴야 한다. 뇌를 흥분시키는 감정, 심장을 뛰게 하는 감정을 받아들여라. 그것이 그대들에게 필요한 사람 냄새요, 채용담당자들이 맡고자 하는 냄새다. 그 냄새를 찾아 떠나보자.

<성공한 사람들의 생각들이 담겨진 책>

-한국의 SNS 부자들(서재영, 박미현 저 / 더블북, 2019)
-나는 알리바바로 40억 번다(서이랑 저 / 라온북, 2019)
-SBS 백종원의 골목식당
 (SBS 백종원의 골목식당 제작팀 저 / 서울문화사, 2019)
-한국의 젊은 부자들(이신영 저 / 메이븐, 2017)
-총각네 야채가게(김영한, 이영석 저 / 쌤앤파커스, 2012)
-10미터만 더 뛰어봐!(김영식 저 / 21세기북스, 2013)
-지금 너에게 가장 필요한 것은
 (정은영 역 / 마리북스, 2013)
-알리바바 마윈의 12가지 인생강의
 (장옌 저 / 매일경제 신문사, 2014)

취업한 선배 만나기

수만 명이 운집하는 대형 행사 준비를 위해 만난 어떤 후배가 이런 이야기를 하였다. 여자 친구가 얼마 전에 석사 과정을 마치고 공채시험에 합격하였단다. 취업한 지 1년이 안 된 지금, 여자 친구는 적성에 맞지 않는 것 같다며 퇴사할까 고민이 많다고 하였다. 퇴사를 생각하고 있는 여자 친구에게 이런저런 이야기를 해주었단다. 후배는 여자 친구가 취업한 지 얼마 되지 않는 지금에 퇴사를 생각한다는 것이 이해가 되지 않아 설득 아닌 설득을 해보았지만, 여자 친구는 별 반응이 없었다. 취업준비를 몇 년째 하고 있는 취준생들에게는 배부른 소리로 들릴까? 모르긴 몰라도 후배의 여자 친구는 제대로 취업준비를 하지 못한 것 같다. 왜? 취업준비에는 여러 가지가 있지만 어떤 일을 어디서 하는지, 그 일이 자기에게 맞는지, 일하는 곳의 분위기는 어떤지, 자기의 성장을 이룰 수 있는 곳인지 등에 대한 분석이 되지 않은 듯하다. 그냥 취업을 해야 되니까 정도의 생각으로 취업전선에 뛰어든 것이다. 그러다 운 좋게 합격했다고나 할까? 적어도 공채시험을 준비하는 과정에서 공채로 합격한 선배들을 만나 그들의 이야기를 들어봤어야 한다. 과연 취업 후 직장생활이 자기가 생각하는 삶의 방향과 맞는지, 어떤 어려움이 있는지 등을 확인했어야 한다. 어떤 물건을 살 때나 어떤 맛집을 찾아가려고 할 때 어떻게 하는가? 주변 사람들의 이야기를 들어보거나 SNS상에서 떠도는 후기들을 찾아보고 결정하지 않는가? 하물며 그대들의 인생을 보내는 직장을 결정하는 데 너무 노력을 안 한다. 몇몇 취업 선배들의 이야기를 들어보자.

아나운서 이강준 씨는 블로그를 통해 대학생과 취업준비생들에게 선배로서의 조언을 했다. "헛된 경험은 없다. 충실하게 경험하라!" 그는 아나운서 활동하면서 받는 질문들이 있다고 한다. 어떤 학과에 진학해야 하는지, 공부는 어디에서 해야 하는지와 같은 질문들이란다. 그런데 그는 정작 아나운서 관련학과를 졸업한 것도 아니고 전혀 관련 없는 공대생 출신이다. 그럼 어떻게 아나운서의 길을 선택했을까? 어릴 때 수줍음이 많았던 내성적 성격의 사람이었지만 무대에서는 전혀 다른 자신을 발견했다는 것이다. 그 강점을 발견하고서 취미 삼아, 알바 삼아 MC로 활동했다는 것이다. 취미가 직업이 된 경우이다. 이강준 아나운서는 10년 정도의 취준생 후배들에게 말한다. "그 자리에서 충실했던 과정들이 쌓여서 현재의 어려움을 풀 수 있는 열쇠가 되어준다는 것을 깨닫게 되었다."

또 다른 취업 선배들의 이야기가 어느 지역신문 인터넷 매체에 실렸다. 일본기업 취업에 성공한 4명의 청춘 이야기였다. 그들은 4년제 대학을 다니다가 전문대학으로 방향을 전환하여 경험을 쌓고 취업에 성공한 사례이다. 그들은 "많은 것에 맞닥뜨리다 보면 좋은 진로를 찾을 수 있으니 용기를 내고 자신의 원하는 길이 무엇인지 찾아 나서길 바란다"고 말했다. 그리고 후배들에게 "무작정 대학교 선택보다는 자기가 하고 싶은 게 뭔지 거기에 맞는 학과 전공 선택을 권한다"고 했다. 이들은 적성에 맞지 않은 것을 과감히 버렸다. 그리고 적성에 맞는 길을 선택했고, 그 선택의 결과가 옳았다는 것을 증명했다. 일찍 결정하고 결정한 길에서 최선을 다한 결과였다. '겁 없이' 끝까지 포기하지 않고 노력한 결과였다. 선택이 옳았다는 것을 증명하기 위해서는 끝까지 가는 것이다. 지금 그대들의 발걸음을 멈추고 그대들이 선택한 길이 옳다고 느껴지는지 생각해보라. 그 길을 따라 계속 가기만 하면 좋은 결과가 있을 것 같다는 확신이 드는가? 확신 없이 걷는 길은 안개 속에서 헤매는 경우와 같다. 막막할 뿐이니 걸을수록 두렵고 자신감은 사라져만 간다는 사실을 기억하라. 이런 생각에 사로잡혀 있다면 과감한 유턴이 필요한 때가 아닐까?

"졸업한 선배들을 괴롭히세요!"

이랜드월드 뉴발란스 방성호 동문을 인터뷰한 국민대 웹진에서 블로그에 공감되는 글을 올렸다. 방성호 대리의 취업 성공기였다. 그가 후배들에게 해주는 말이 마음에 다가왔다. "취업준비를 할 때 가장 중요한 건 자기 자신인 거 같아요. 의외로 많은 분들이 이 사실을 간과하죠. 취업 그 자체보다 취업 후 일하는 나 자신이 어떤 사람이 될지 생각해볼 필요가 있어요. 정말 하고 싶은 일은 무엇인지부터 꼼꼼히 되짚어보길 바랍니다. 자신의 적성과 상관없이 '대기업'이라는 이유만으로 입사를 한다면 결국 돈 버는 기계가 될 뿐, 그 어떤 보람도 느끼지 못할 거예요. 꼭 내가 어떤 사람인지 돌아보고, 취업문을 두드린다면 좋은 결과가 있을 거라 생각합니다." 그도 이랜드그룹에 입사하기 위해 한 선배를 찾아 노하우를 전수받았다. 처음에는 반갑게 대해주던 선배가 제발 그만 좀 찾아오라고 할 때까지 찾아갔다고 한다. 최종면접을 앞두고 그 선배를 찾아 조언을 구했고, 그 선배는 자신이 매고 있던 넥타이를 빌려주었다고 한다. 그 넥타이는 정직원에게만 지급되는 넥타이였다. 정직원만 맬 수 있었던 넥타이를 매고 면접에 갔는데 질문이 들어왔다고 한다. 면접관이 넥타이 어디서 났느냐고 물었다. 회사에 다니는 선배에게 부탁해 빌렸다고 말하며, 꼭 회사의 일원으로 입사해서 정식으로 새 넥타이를 선물 받고 싶다고 말했다고 한다. 당찬 포부에 면접장을 웃음바다로 만들고 최종합격의 선물을 받게 되었다.

그대들은 아무도 걸어보지 않은 길을 처음 걷는 것이 아니다.

그대들 앞에는 이미 그대들이 걷고자 하는 길을 걸어가고 있는 선배들이 있다. 전혀 새로운 길이 아닌 것이다. 이제 취업 합격 소식 통보를 받은 선배들, 취업 1년 차 선배들, 3년의 경험을 한 선배들, 10년을 지속한 선배들. 그대들보다 몇 발짝 앞에서 걷고 있는 선배들이다. 그 선배들이 지금은 무슨 생각을 하고 있는지, 그대들에게 무슨 얘기를 해주고 싶은지 찾아가 물어보는 도전, 그 열정이 필요하다. DID 정신으로 무장하고 취업한 선배들을 만나러 나가라. 만나는 만큼 그대들의 취업 합격이 가까워진다.

〈오늘의 미션〉 그대가 희망하는 직무나 회사에 취업해 있는 선배를 만나러 가보자.

희망 직무 또는 회사	취업한 선배	약속 일자 및 장소	선배가 해준 이야기

7일 취업 관련 전문가들 만나기

비행기와 인도 기러기만 넘을 수 있는 자연장벽으로 불리는 히말라야산맥. 그 히말라야산맥에는 해발 8,000m가 넘는 봉우리들이 14개나 있다. 이 14개의 봉우리를 14좌라고 부른다. 그중 에베레스트산(8,848m)이 세계 최고봉이다. 이 8,000m가 넘는 산을 정복하려는 사람들이 많았다. 1953년 5월 29일은 영국 원정대가 에베레스트산을 정복했으며, 지금도 많은 사람들이 끊임없이 도전하고 있다. 이 과정에서 많은 사상자가 발생하고 있지만, 도전에 도전을 계속하여 히말라야산맥의 14좌 등반에 성공한 사람들이 있다. 이탈리아 등산가 라인홀트 메스너는 14개 봉을 16년에 걸쳐 1986년 세계 최초로 완등에 성공했다. 우리나라 박영석(8번째, 2001년), 엄홍길(9번째, 2001년), 한왕용(11번째, 2003년) 등산가도 완등을 했다. 이들이 완등에 성공한 이유에는 여러 가지가 있을 것이다. 철저한 준비, 베이스캠프의 높이, 셰르파의 도움 등. 이 중 셰르파들의 도움은 필수적이다. 셰르파들은 현지인들로서 누구보다도 길을 잘 알고 기후와 고산 적응력이 뛰어나기 때문이다.

히말라야산맥 정복에 셰르파들의 도움이 있다면 청년 취업 장벽에는 취업전문가들이 있다. 그런데 취업 정상에 도전하는 청년 등반가들이 전문가의 도움을 잘 활용하지 못하고 있는 것 같다. 심지어 대학 내에 있는 취업지원센터에 대해 잘 모르는 학생도 있었다. 대학을 가기 위해서는 그렇게 노력을 했으면서 막상 취업을 위해서는 그렇게 노력을 안 하다니. 안 한다고 하면 너무 상처를 받으려나? 그런데 진짜 안 한다. 잘하는 사람은 잘하지만.

취업에 대해 생각해보지도 않았던 나다. 어느 정도의 경쟁을 뚫고 자신과의 싸움에서 4년을 버텨내고 이겨내니 어느 순간 직업을 갖게 되었다. 그런 내가 취업이라는 두 단어에 울고 웃는 청년들을 바라보게 되리라고는 생각도 못 했다. 청년과 취업. 요즘의 청년들은 취업이 그들의 미래를 가로막는 거대한 산으로 생각한다. 옆에서 바라보고 있으면 너무나 안타깝고 불쌍한 마음까지 든다. 태어나 누구나 에베레스트산과 같은 거대한 취업산을 정복해야 하는 그들의 운명이라고나 할까? 준비를 철저히 한 청년들은 정상을 정복하고 깃발을 꽂는다. 그러나 준비를 제대로 하지 않은 청년들은 정상 정복을 하다 다치거나 체력의 한계로 중도에 포기하고 만다. 때로는 베이스캠프(Base Camp)에서 도전의지를 상실하고 더 이상 올라가지 못한 채 주저앉아 있다. 그럴 때는 전문가의 도움을 받아야 한다. 그래야 재도전이 가능하고, 성공할 확률이 높아진다. 전문가들은 정상을 맛보았기 때문에 그대들에게 길을 안내해줄 수 있다. 그대들이 한 번도 가보지 않아 두려움이 많은 길을 가본 그들이다. 그러나 그 전문가들을 만나기는 쉽지 않을 것이다. 취준생들보다 숫자도 적으니 더 그렇다. 에베레스트산 등반은 셰르파가 모두 따라붙지만 그대 취준생들에게는 전문가들이 따라붙을 수 없다. 그렇게 해주는 전문가들도 드물다. 거의 없다. 1대 다수로 코칭해줄 뿐이다. 또 모든 취업전문가들은 이 세상에 존재하는 모든 직업을 경험한 사람들도 아니다. 그러니 각 직업에 대해 100% 취업을 보장하는 전문가들도 있을 수 없다. 한 직장의 경험을 통해서 취업할 수 있는 공통된 길과 방법을 알려주는 것이다.

취준생들의 현실은 어떤가? 많은 대학생들이 대학과 전공을 수능 점수에 맞춰서 선택한다. 그러다가 전공이 적성에 안 맞고 대학이 마음에 안 들기도 한다. 그래서 편입을 하기도 한다. 취업도 그렇게 선택하려고 한다. 일단 취업하고 보니 회사가 마음에 안 들고 직무가 생각했던 것과 다르다는 생각이 들어 조기 퇴사한다. 취업이라는 거대한 산 정상을 정복했지만 금방 하산하는 격이다. 세계 최고봉 에베레스트산은 정상에서 오래 살 수 없는 곳이기에 정상 정복 후 하산하는 것이 당연하다. 정상 정복 자체가 목표이기 때문이다. 그러나 취업 정상은 정복 후 바로 내려오면 안 된다. 그곳에서 성장하고 다음 정상을 정복할 준비가 되었을 때 하산해도 해야 되는 것이다. 그렇지 않다면 다음 취업 정상을 정복하는 데 어려움이 많다. 이게 현실이다. 전문가의 도움을 제대로 받지 못하면 이런 오류를 범한다. 그러니 그대들은 하루라도 빨리 전문가의 도움을 받아 컨설팅을 받아야 한다. 그래서 제대로 준비해서 취업 정상 정복에 도전해야 한다.

그대들을 도와줄 전문가를 빨리 찾아라. 그것이 그대들에게 주어진 급한 미션이다. 주의할 사항은 부족한 스펙을 쌓으라는 말을 먼저 하는 사람은 피하는 것이 좋다. 그 조언은 취업 실패 또는 조기 퇴사의 길을 안내해주는 것과 같다. 다소 어렵지만, 시간이 걸리지만 그대 자신을 알게 해주는 일부터 시작하라고 조언하는 사람이 취업전문가다. 일단 도서관으로 가라. 취업 관련 서적이 많을 것이다. 그 책들 중에 먼저 자신을 알라고 말하는 저자의 책을 골라라. 김나이 저자의 『이기는 취업』, 하정필 저자의 『취업질문』, 한주형 저자의 『대기업도 골라가는 지방대 저스펙 취준생의 비밀』, 신상진·차연희 저자의 『취맥(취업의 맥)』 같은 책이다. 그런 책들이 그대들의 취업 길을 열어주는 전문가 역할을 할 것이다. 그리고 더 나아갈 수 있다면 그 저자들을 만나는 것도 시도해보길 바란다. 만날 수만 있다면 그대에게는 행운이라고나 할까? 기회다. 기회를 잡길 바란다. 이 기회 잡기가 어렵다면 유튜브 영상을 통해 만나면 된다. 쉬우니까. 그리고 대학 내에 있는 취업지원센터를 찾아라. 그대들이 아무것도 준비가 안 되었더라도 찾아가서 상담하고 조언을 받아야 한다. 준비해서 가려면 많은 시간이 흘러버려서 전문가들이 조언해줄 선택의 폭도 좁아질 것이다. 그러니 빠르면 빠를수록 좋다. 취업전문가 만나기는 Timing이다.

〈오늘의 미션〉 나를 도와줄 취업 전문가 찾아보고 만나기

취업 전문가	약속 일자 및 장소	전문가 조언

지금까지 그대들의 한 땀 한 땀의 노력을 통해 성공한 사람들의 생각을 샀다. 책을 통해서, 취업한 선배들의 만남을 통해서, 취업 전문가들을 통해서. 그 생각을 잊어버리지 말고 이제부터는 실행 연습을 통해 Basic을 무장하는 단계이다. 매일 실행하며 변화하는 자신을 느껴보자.

3

3단계(8~20일): Basic 축적하기(Build up)

8일 매일 종이신문 읽기

미래학자 존 나이스비트는 "미래를 덮고 있는 커튼을 걷어내는 데 필요한 지식의 가장 큰 원천은 바로 신문"이라고 했고, 미국 힐러리 클린턴 전 국무장관은 "청소년 시절의 신문 읽기 덕분에 오늘의 내가 있다"고 말했다.

신문은 최고의 엘리트들이라고 할 수 있는 기자들이 열정으로 만들어낸 사회 트렌드의 종합판이다. 그런 신문을 읽는 습관은 성공한 사람들의 습관 중 하나이기도 하다. 그래서 그대들도 신문 읽기 습관에 도전하라고 말하고 싶다. 스마트폰에서 읽는 신문이 아니라 종이신문을 선택해서 도전해보길 바란다. 매일 30분 종이신문 읽기. 학교나 공공 도서관에 가면 종이신문을 볼 수 있을 것이다. 처음에는 제목 위주로 봐도 좋다. 그대의 관심사를 발견해보길 바란다. 관심사를 발견하였으면 그런 기사내용에 대해 꼼꼼히 읽어보길 바란다. 스크랩도 해보자. 할 수 있다면 동일 기사에 대해 다른 신문에서는 어떻게 기사화되었는지도 살펴보자. 아직 무엇을 좋아하는지 관심 분야를 찾지 못했는가? 신문의 1면부터 끝까지 빼놓지 말고 제목만 보면서 어느 분야에 시선이 멈추고 호기심이 가는지 체크해보길 바란다. 그리고 관심 분야의 기사 10개를 뽑아보자. 다른 신문도 볼 수 있다면 동일한 방법으로 10개의 관심사를 찾아보자. 이런 방법으로 1주일, 3주일, 1개월, 3개월 등의 기간을 정해놓고 지속해 보길 바란다. 관심 직무 분야를 찾아볼 수 있는 방법 중 하나이다. 관심 직무 분야를 찾았다면 제목 위주의 읽기에서 세부 기사내용 읽기로 깊이를 더해보길 바란다. 그리고 할 수만 있다면 개인의 생각도 기록해 정리해보면 어떨까 한다. 이 모든 것이 취업을 준비하는 과정 중의 하나이다. 신문 읽기가 취업준비를 하는 데 무슨 도움이 될까? 이런 생각을 하는 취준생들도 있을 것이다. 독자들의 시선을 멈추게 하는 기사의 제목을 보고 자소서의 제목을 만드는 감각을 익히는 것이다. 또 관심 분야에 대한 사회적 이슈의 정도나 최신 감각을 유지할 수도 있다.

한국ABC협회의 2017년도 자료에 따르면 전국에 유료부수를 발행하는 신문사는 163개사다. 이 중 전국 일간지는 28개사, 지역 일간지 104개사, 경제지 15개사 등이다. 요즘은 종이신문이 점점 사라져가고 있는 것이 현실이다. 이것보다 더 슬픈 현실이 있다. 신문이 세상에 나오자마자 곧바로 계란판을 만드는 재료로 사용된다는 것이다. 신문 1부의 무게 300g, 온라인쇼핑몰에서 거래되는 종이신문

가격은 10~13kg 무게에 6,300원. 이 신문들의 용도는 단열, 포장, 청소, 습기제거, 과수원, 과일보관 등이라고 한다. 신문의 주목적은 어디론가 사라져버리고 재활용 용도만이 시선을 끌고 있다. 취업을 준비하는 그대들은 신문을 어떤 용도로 사용하고 있는가? 그대들에게 신문은 관심 분야를 찾아내고, 그 관심 분야에 대해 깊이 있는 지식을 얻는 수단이 되어야 한다. 적어도 취업준비를 하는 기간에는 신문을 그렇게 활용하길 바란다. 300g에 담긴 세상 소식 안에 그대들의 취업길이 있을지 모른다. 그런데 그대들에게 그 길을 알려주지 못한 채 계란판으로 변해버린다면 얼마나 안타까운가? 남들이 선택해준 기사가 아닌 그대들이 선택한 기사를 읽어보길 바란다. 세상의 관심사가 아닌 그대들만의 관심사를 찾아보자. 한경닷컴의 '신문 읽는 테크닉 10'을 참고해보는 것도 좋을 것 같다.

01.	하루 30분, 출근시간을 활용하라.
02.	경제 흐름은 숫자로 알 수 있다.
03.	세계 경제의 움직임이 한국에도 영향을 미친다.
04.	우리 회사의 경쟁력은?
05.	시장을 알아야 돈을 번다.
06.	상품 정보와 생활정보를 챙겨라.
07.	책 기사를 대화에 활용해 보자.
08.	광고는 마케팅 수단인 동시에 정보다.
09.	직장인 이라면 인사와 부고란 챙기는 건 기본
10.	칼럼과 사설을 읽어야 안목이 생긴다.

-출처: 한국경제 카드뉴스

어떤 그룹에서는 '종이 신문을 읽는 사람을 선호'하기도 한다. 그래서 면접 때는 신문 읽기 습관 등에 대해 물어보기도 한다고 한다.

그룹 인사담당자의 말에 의하면 "모바일로만 기사를 읽으면 '뉴스 편식'을 할 수 있지만, 종이신문 읽기를 하면 종합적인 시각을 가질 수 있기 때문"이란다. 매일 아침 10분 일찍 일어나 종이신문을 보는 습관을 길러보면 어떨까? 혼자서 하기 어렵다면 '신문동아리'에 가입해서 도움을 받아보는 것도 좋을 것 같다.

〈오늘의 미션〉 종이신문 읽기로 취업의 신이 되자

채용 관련한 최신 정보 얻기, 논리력 기르기, 헤드라인 제목과 서브 제목을 보고 핵심내용 파악하기, 사회 이슈 파악하기, 사설기사 베껴 쓰기, 자기 생각과 논리적 의견 제시하기, 타인의 지혜와 통찰에 귀 기울이기, 사고의 균형감각 찾기(상반된 성향의 신문).

먼저 인사하기

'만반잘부(만나서 반가워. 잘 부탁해).'

취업포털 인크루트가 직장인 1,089명을 대상으로 에티켓 관련한 설문을 하였다. 이 중에 직장인이 호감을 느끼는 유형을 살펴보았다. '친절왕'형(업무요청, 질문에도 친절하게 응답해주는 동료, 19.7%), '알파고'형(업무에서 실수 없고 정확히 일 처리를 해내는 동료, 18.1%), '칼타임'형(업무기한, 시간약속을 잘 지키는 동료, 15.5%), '만반잘부'형(매사에 인사성이 밝은 동료, 9.5%), '사내피셜'형(주요 정보들에 대해 접근이 빠르고 공유를 잘 해주는 동료, 8.5%), '컴잘 알'형(PC 에러가 생기면 잘 도와주는 동료, 7.5%) 순으로 호감을 갖고 있는 것으로 나타났다. 모두가 직장인의 태도에 대한 결과다. 그럼 태도 중에서 사람 맛을 느끼게 하는 인간관계의 가장 기본이 되는 것이 무엇일까? 당연히 '인사'일 것이다. 호감 유형 설문에서도 9.5%를 차지할 정도다.

또 다른 설문 결과가 있다. '면접 태도 등에서 준비가 안 됐다고 느끼는 비호감 지원자'에 대해 조사한 결과이다. 이 조사는 구인구직 매칭플랫폼 사람인에서 기업 인사담당자 487명을 대상으로 실시하였다. 이들 인사담당자들은 과거보다 비호감 지원자들이 늘고 있는 상황이라고 한다. 그러니 이런 부분도 취준생 그대들에게는 경쟁 요소 중 하나가 될 듯하다. 가장 비호감인 지원자로는 면접에 늦는 '지각대장형'(23.6%)이 1위를 차지했다. 인사를 제대로 하지 않는 '무례형'(6.2%) 지원자는 5위를 차지했다. 인사가 아무것도 아닌 것처럼 보이지만 인사담당자들은 이토록 중요하게 생각하고 있다. 이런 비호감 지원자들에게는 감점이나 무조건 탈락을 시킨다고 답한 인사담당자가 95.1%를 차지했다. 그 이유는 '사회생활의 기본이 안되어 있어서'(44.1%, 복수응답)의 답이 가장 많았다. 반면에 호감을 주는 지원자 유형 중에 인사에 대한 부분은 인사담당자들은 어떻게 답했을까? 면접에 집중하고 자세가 바른 '안정감형'(30.8%), 밝은 표정과 긍정적인 인상의 '스마일형'(29%), 명확하고 논리 있게 답변하는 '스마트형'(11.1%), 자신감이 있는 '열정형'(9.2%), 인사성이 바른 '예의범절형'(6.6%), 회사에 강한 애정을 갖춘 '일편단심형'(5.3%), 직무에 대한 목표가 뚜렷한 '한우물형'(4.7%) 등의 순이었다. 인사는 호감을 주는 지원자 유형 설문에서도 5위를 차지했다.

설문의 결과들을 보면 사회생활에서 인사가 얼마나 중요하게 여겨지는지 알 수 있다. 아침에 출근하면서 밝고 투명한 목소리로 "안녕하십니까? 좋은 아침입니다"를 외칠 때 사무실의 분위기는 활력이 넘치게 되어 있다. 그동안 잊고 지냈던 아침 분위기가 신입사원의 밝은 인사로 인해 다시 살아나게 된다. 그런데 "어! 언제 출근했어? 출근한지도 몰랐네." 이런 소리를 듣는 것은 결코 좋은 인상을 주지 못한다. 출근했다는 표시를 해야 한다. 같은 공간에서 같이 일하는 사람들에 대한 배려이기도 하고 기본예의이기도 하다. 아침에 일어나서 가장 먼저 보게 되는 사람과 인사하는 습관부터 익히자. 밖에 다니면서 만나는 사람들에게 먼저 인사해보자. 인사를 받고 답을 하는 것보다 그대가 먼저 인사해보는 것이다. 상황에 따라 인사의 방법은 다양하게 해도 된다. 큰 소리로, 때로는 목례만으로, 때로는 가벼운 미소로, 그리고 손을 흔들어서 상황에 맞게 하면 된다. 그러나 먼저 해보는 것이다. 익숙하지 않은 사람은 쉽지 않을 것이다. 이런 인사습관이 취업의 결정적 순간에 그대에게 도움이 될 것이다.

사소한 것 같지만, 이토록 중요한 인사는 한결같아야 한다. '인사할까? 말까? 좀 어색한데.' 눈치 게임을 하지 말자. 어쨌든 그대들이 곰곰이 생각해보면 좋을 것 같은 글이 매일경제 Citylife 제694호(19.09.03)에 실렸다.

생각보다 상사들은 인사에 집착한다. 모 회사 임원과 식사 자리가 있었다. 그 임원이 "요즘 젊은 친구들은 인사를 할 줄 몰라. 어색해서 그런지. 그래서 내가 먼저 인사를 한다네"라며 인사성에 대해 말한다. "어떤 친구는 매번 아주 밝게 인사를 해. 그런 친구는 보기만 해도 기분이 좋아지고 눈이 가더라고. 그런데 내가 직속 상사가 아니라 나를 잘 모르는지 엘리베이터를 타도 그냥 멀뚱하게 쳐다보는 친구도 있어. 그럴 때는 내가 무안해. 가장 기분이 언짢은 케이스가 뭔지 아나? 그것은 인사를 하다 안 하다 하는 친구야. 기분이 묘하더라고 어떤 때는 인사를 하고, 또 어떤 때는 마주쳐도 그냥 지나가. 그럴 때면 '저 친구는 자기 기분에 따라 인사를 하나'라는 생각이 들어. 아예 인사를 안 하면 '나를 모르나 보다' 할 텐데 말이야. 참."

〈오늘의 미션〉 만나는 사람마다 먼저 인사하기

10일 생활 속의 불편한 것 찾아 해결하기

혼밥. 식당에 혼자 밥을 먹으러 갈 때가 있다. '어디에 앉아서 먹을까?' 잠시 고민하곤 한다. 그때 창가에 있는 2인용 식탁에 1명씩 앉아서 먹고 있는 혼밥족들이 보인다. 한 방향으로 앉아 먹는 모습이 재미있기도 했다. 그래서 나도 그들처럼 동일한 방향으로 앉아 혼밥했다. 혼자 식사하러 왔는데 여러 사람이 있는 식탁에서 불편하게 먹고 싶지 않은 마음들의 표현이다. 스마트폰에서 무언가를 검색도 하면서 여유 있는 혼밥 시간을 갖는 사람들이다. 이렇듯 혼밥하는 사람들을 위한 그들만의 식사공간이 필요하다. 물론 그 식당은 1인용 식탁은 없었다. 그래서 2인용 식탁을 1인용 식탁처럼 이용하고 있었고 나도 그랬다. 그 모습을 보면서 이런 생각이 문득 들었다. 이 식당도 편의점에서 흔히 볼 수 있는 것처럼 창밖을 보면서 혼자 식사할 수 있는 식탁이 있으면 좋겠다는 생각이 들었다. 이런 불편함을 개선하려는 마음을 가지고 실천하는 사람들이 사업가들이다. 창업을 하는 사람들이다.

이신영 저자의 『한국의 젊은 부자들』 책에는 60명의 성공을 다룬 내용들이 나온다. 이 중 한 여성의 성공 이야기가 있다. 얼굴 마스크팩은 치열한 경쟁상품으로 인기 있는 제품이지만, 손발팩은 필요한 사람들 곁에 없었다. 이 사실을 절실히 느낀 사람이 손발팩 창업가가 되었다. 전문대 관광학과 출신이 관절염을 치료하는 가정용 의료기기를 파는 일을 하다가 느낀 것을 창업화했다. 제품을 팔기 위해 어르신들의 손에 로션을 발라드리면서 알게 된 사실이 창업의 계기가 되었다. 그녀는 수족냉증, 수족번열증 때문에 마사지를 하고 싶어도 마땅한 제품이 없다는 현실을 알았다. 그래서 '발품과 노력'이면 할 수 있다는 자신감으로 제품 개발에 도전했다. 창업을 위해 가지고 있는 것은 오직 '오기, 설득력, 끈기'뿐이었다. 화장품 팩 공부, 자문 구하기 등에 미쳐서 만들어낸 시제품의 대박 사건. 인생을 바꾼 기회였다. 작은 아이디어로 110억 원의 매출을 올리게 되었다. 그녀처럼 그대들도 주변을 세심히 살펴보자. 누군가 불편을 해소하기 위해 필요로 하는 것들이 있는지 찾아보자.

탈모로 고민하는 사람들의 불편함을 사업화한 사람도 있다. '헤어 수트 매치'의 반은정 대표. 좋아하는 일에는 밑바닥까지 파헤치는 성격을 갖고 있다고 한다. 그녀는 공군사관학교를 졸업 후 장교 시절에는 물류개선으로 대통령상을 받았다. 그리고 대위로 전역 후에는 보잉사에 취업하여 6년 만에 임원의 자리까지 올랐다. 보잉사 임원의 자리에 올랐을 때 그녀는 무엇을 보았을까? 그녀만의 아이템으로 그녀만의 일을 해보고 싶은 꿈과 마주한 것이다. 보잉사 임원을 그만두고 미용업계에서 임원으로 있을 때 가발 산업에 눈을 뜨게 되었다. 가발 산업의 시장성을 본 것이다. 탈모로 고민하는 사람들과 가발업계의 잠재력을 평가하여 충분히 도전해볼 만한 사업이라고 생각한 것이다. 그래서 연구하였다. 가발의 연간 시장 규모는 1조 5,000억 원, 절대 강자가 없는 가발 시장, 이런 시장에 도전해보고 싶다고 한다. 창피하고 부끄럽다는 부정적 이미지로 가득 찬 가발. 가발이 필요한 사람이라면 누구나 편안하게 방문하고 구매할 수 있는 가발과 가발숍을 구상하여 도전장을 내밀었다. 가발을 '헤어수트'

로 변경하여 이미지 개선, 숍의 위치도 형태도 개선하였다. 구매자들이 불편해하는 핵심을 포착하여 개선하였다. 불편한 것을 찾아 자신의 업을 갖는 사람들은 공통된 가치관을 갖고 있다. 반은정 대표의 말에서 그 가치관을 찾아볼 수 있으리라 본다. "세상에 태어난이상 제 자신이 가지고 있는 잠재력을 아낌없이 다 써보고 죽는 것이 소원이에요. 그리고 살아오면서 동고동락했던 주변 사람들이나사회로부터 혜택을 많이 받았다고 생각해요. 지금은 창업하고 회사를 키워나가는 단계이긴 하지만, 훗날에는 내가 받아온 도움을 다시사회에 나누고 싶은 꿈도 있습니다."

우리가 조금만 주변을 살펴보면 생활에 불편을 주는 것들이 많이있다. 그 불편함을 주인의식을 갖고 해소해보려는 마음을 실천한 사람들이 사업에 도전하는 사람들이다. 할 수 있다면 그대들이 지원하고자 하는 회사 주변을 살펴보고 개선할 점이 있는지 찾아보면 더좋을 것이다. 지금부터 주변 사람들이 불편해하는 것들과 지원할 회사의 개선할 점들을 찾는 데 눈을 떠보자.

〈오늘의 미션〉

1. 사람들이 불편해하거나 필요하다고 느끼는 것을 찾아보자. 60개를 찾자. 그리고 분류해보자. 그중 취업에 도움이 되는 것과창업 아이템을 골라보자.
2. 지원할 회사의 개선할 점들을 홈페이지나 본사 등을 찾아가서확인해보자.

11일 매일 효도 전화하기

"모 대통령은 매일 부모님께 안부 전화를 드렸다더라."

지금은 이 세상에서 볼 수 없는 아버지께서 살아 계셨을 때 나에게 자주 하셨던 말씀이다. 지금 생각해보니 이런 말씀을 하셨던 것은 내가 그렇게 살아가길 바라셨던 것 같다. 그러나 아버지 생전에 나는 그렇게 살지 못했다. 그 말씀대로 해드리지 못하고 아버지와 영원히 헤어졌다. 오직 자식들 뒷바라지를 하시느라 정작 아버지의 삶은 없었고, 그러다가 병상에 눕게 되셨다. 결국 요양원에서 쓸쓸히 생을 마감하셨다. 정말 부끄럽고 죄송스러운 마음으로 이 글을 쓴다. 나도 하지 못한 것을 왜 그대들에게 하라고 하는지 반문하고 싶은가? 아버지께는 해드리지 못했지만 지금은 하고 있기에, 해보니 많은 것들이 나의 삶에 영향을 미치고 있음을 알았기에 해보라고 하는 것이다. 저녁 9시 30분. 나는 매일 그 시간이 되면 '어머니' 전화번호를 누른다. 물론 이런저런 이유로 못 할 때도 있고, 다른 시간에 전화드리게 되는 경우도 있다. 정해놓은 시간에 전화를 걸면 '큰아들 전화'임을 미리 알아차리신다. 그러다 보니 그 시간에 전화가 안 오면 걱정도 되시는 모양이다. 나에게 좋은 일이 있건 안 좋은 일이 있건 간에 매일 어머니께 전화드리는 것은 나의 일상이 되었다. 안 하면 어색하고 이상할 정도다. 달리 할 말이 없어도 매일 전화다. 별일 없으신지, 건강하시라고, 편히 주무시라고 말씀드리는 것이 전부인지도 모른다. <어린왕자>로 유명한 프랑스 소설가인 생텍쥐페리는 이런 말을 하였다. "부모들이 우리의 어린 시절을 주셨으니, 우리는 그들의 말년을 아름답게 꾸며 드려야 한다." 나는 지금 매일 전화드리는 것으로 어머니의 말년을 아름답게 꾸며 드리고 있는 중이다. 물론 지극히 작은 일이다. 이 보다 더 잘하는 사람들이 많은데 부끄럽다. 그대들 중에는 부모님이 모두 계실 수도 있고, 한 분만 계실 수도 있고, 두 분 모두 안 계실 수도 있을 것이다. 부모님이 계시면 부모님께, 부모님과 함께 지내고 있거나 안계시다면 그대들의 인생에 도움을 주고 계시거나 의지하고 있는 분들께 매일 안부 전화를 드려보자. 무엇이 변화되고 느껴지는지 경험해보길 바란다.

사회구성의 최소 단위는 가정이다. 우리는 태어나면서 제일 먼저 속한 사회가 가정이라는 곳이다. 부모와 형제자매들 사이에서 관계를 형성하며 자기 삶을 찾아간다. 요즘은 자식을 많이 낳지 않는 분위기여서 1명인 경우들이 많다. 어쨌든 부모와 자식의 관계로 출발하는 가정사회이다. 가정에서 생활을 잘하는 사람이 더 큰 사회에 나가서도 생활을 잘할 확률이 높다. 최근에는 채용 시 인성을 보는 비중이 높아지고 있는 면에서 보아도 가족관계가 중요해 보인다. 인성은 가정에서부터 시작되고, 성장기의 대부분을 가정에서 부모의 영향을 받으며 살아가니 더욱 그렇다. 그대들 앞에 펼쳐진 취업이라는 큰 관문을 어떻게 통과하고 그 후 더 큰 조직에서 어떻게 살아갈 수 있을 것인가? 그것은 현재의 가족 속에서의 삶을 통해 어렴풋이 짐작할 수 있을 것이다. 그대들이 취업을 해야 되는 이유 중 하나에 부모님이 포함되어 있는지 모르겠다. 사회구성의 최소 단위인 가정에서 생활을 잘했다면 취업의 이유 중에 부모님이 포함되어 있을 것이다. 특히 부모님이 자식 뒷바라지하느라 노후 준비를 하지 못한 채 경제능력을 상실했을 경우는 더욱 그러할 것이다. 물론 요즘 대부분의 부모들은 자식에게 짐이 되고 싶어 하지 않지만 말이다. 첫 월급을 타면 부모님께 내복을 사드렸던 옛날 풍습도 있었다. 지금은 선물이 다양하지만. 그대들의 취업은 그대 자신뿐만 아니라 부모님의 말년을 아름답게 꾸며드리는 것이 된다. 부모의 사랑은 내리사랑이라고는 하지만 'give and take'가 된다면 더 기뻐하시리라. 매일 부모님께 드리는 전화는 이런 마음을 낳게 한다.

사회생활의 첫 발걸음을 한 곳, 가정! 인류학자 아놀드 토인비는 "장차 한국이 인류에 기여할 것이 있다면 그것은 바로 효사상일 것이다. 만약 지구가 멸망하고 인류가 새로운 별로 이주해야 한다면 지구에서 꼭 가져가야 할 제일의 문화는 한국의 효문화"라고 말했다. 그런데 일부의 이야기이긴 하지만 '효도는 셀프(self)'라는 생각을 가지고 있다는 현실이 암울하다. 사회는 홀로 존재하는 것이 아니다. 홀로이지만 홀로인 사람들이 보이지 않는 선으로 연결되어 관계를 맺고 영향을 주고받으며 살아가는 것이다. 자기를 낳아주고 길러준 부모에 대해 셀프 효도를 말한다면 취업해서 관계를 맺는 조직에서는 어떤 생각을 할까? 모래알 조직은 힘을 발휘하지 못한다. 효도는 셀프라고 생각하는 사람은 모래알과 같은 사람이다. 그런 사람을 회사에서는 채용하지 않을 것이다. 삶의 전쟁터에서 고군분투할 자식을 생각하며 응원하고 계실 부모님께 매일 전화 한 통을 드리는 습관을 들여보자. 관계의 삶이 어떤 것인지 조금씩 느껴질 것이다. 그 느낌을 가지고 관계의 삶을 확장시켜라. 그러면 그대의 삶이 점점 기업 구성원의 삶 속으로 들어갈 준비를 하게 될 것이다. 그때쯤이면 어느덧 취업의 문에 한 발짝 다가서 있을지 모른다. 자신도 모르게.

〈오늘의 미션〉 매일 안부 전화 한 통 하기

12일 자기 방 정리 정돈하기

"세상을 변화시키고 싶으세요? 침대 정돈부터 똑바로 하세요. 매일 아침 침대 정돈을 한다면, 여러분은 그날의 첫 번째 과업을 완수하게 되는 것입니다. 그것은 여러분에게 작은 뿌듯함을 줄 것입니다. 그리고 다음 과업을 수행할 용기를 줄 것입니다. 하루가 끝나면 완수된 과업의 수가 하나에서 여럿으로 쌓여 있을 것입니다. 침대를 정돈하는 사소한 일이 인생에서 얼마나 중요한 역할을 하는지 보여줍니다. 여러분이 사소한 일을 제대로 해낼 수 없다면 큰일 역시 절대 해내지 못할 것입니다. 그리고 혹시 비참한 하루를 보냈다면 여러분은 집에 돌아와 정돈된 침대를 보게 될 것입니다. 여러분이 정돈한 침대를요. 이것은 여러분에게 내일은 할 수 있다는 용기를 줄 것입니다."

-맥레이븐 제독

2011년에 오사마 빈 라덴 사살작전이 성공적으로 끝났다. 그 작전 후 전 미국인의 영웅으로 떠올랐던 사람이 있다. 바로 맥레이븐 제독이다. 그가 2014년 5월 17일 모교인 텍사스 대학 오스틴 캠퍼스에서 했던 감동적인 졸업식 축사 중 일부 내용이다. 그는 세상을 변화시키고 싶다면 작은 일부터 해내면서 하루를 시작하라고 한다.

나는 그대들이 정말 간절히 취직하고 싶다면 너저분한 그대들의 방부터 깨끗이 정돈하며 하루를 시작하길 바란다. 습관이 되지 않으면, 생각에서 잊어버리면, 그 일이 중요하지 않다고 생각한다면 방 정리는 사소한 것 같지만 정말 어려운 일이다. 방의 모습이 그대의 머릿속 생각들의 모습이라고 보면 된다. 정리되어 있지 않고 무엇이 중요한지 알 수 없이 배열된 생각들. 그 생각들을 가지고는 취업 전쟁에 뛰어든들 승리할 수 없다. 취업 전쟁의 무기는 그대들이 가지고 있는 생각이다. 강한 생각, 강도 있는 생각이 아니면 아무리 사소한 일이라고 치부되는 침대 정리도, 책상 정리도, 방 청소도 할 수 없다. 이런 사람은 자기 방의 상태와 상관없이 누군가 들어오든 말든 개의치 않는 모습을 보게 된다. 간신히 발 디딜 공간만 보이는 방의 상태임에도 말이다. 그런 방의 상태를 보고 불편하지 않느냐고 물으면 전혀 불편하지 않다고 한다. 참 이해할 수 없다. 혼자 사는 공간이라면 모르겠다. 남이 안 보고 누가 들어올 일이 없으니 마음대로 해놓고 살면 되니 말이다. 그런데 사회생활은 혼자 하는 것이 아니다. 한 사무실 공간에 많은 사람들이 함께 일한다. 업무하는 책상을 보면 그 사람의 성격을 어느 정도 알 수 있다. 책상이 정리 안되는 것은 업무 정리가 안 되는 것과 같다. 생각 정리가 안 되는 것과 같다. 자기관리가 잘 안 되는 사람으로 평가할 수 있다. 그리고 누군가와 같이 살아가는 공간에서 '나는 불편하지 않은데'라고 생각하며 아무렇게나 하고 살아간다. 같이 살아가는 사람들은 불편한데 말이다. 그 생각이 취업을 어렵게 하는 것임을 알아야 한다.

　나는 집에서 '백신'으로 불리곤 한다. 왜? 내가 집에 있으면 백신을 돌려 바이러스를 제거하듯이 집 안 정리를 해놓기 때문이다. 책상은 공부하고 책을 읽을 수 있는 목적으로 사용 가능하도록 정리한다. 침대는 불필요하게 침대 위에 누워서 시간을 낭비하지 않도록 괜히 눕고 싶은 마음이 들지 않게 정리한다. 택배 주문한 새 물건들은 제 위치를 잡아주어 아무데나 뒹굴지 않게 해주고 포장지는 분리수거함에 넣는다. 물건에 이름을 붙여주고 제 위치를 잡아주는 것, 이것이 정리의 기본이다. 자기 방 정리가 잘 되면 가족이 같이 사용하는 거실을 살짝 쳐다보아라. 정리하고 싶은 마음이 드는지 보아라. 정리하고 싶은 마음이 든다면 잘하고 있는 것이다. 순간의 생각으로 한순간 하고 마는 행동이 아닌 생활습관이 되어야 한다. 자기 방을 정돈하고 나아가 함께 사용하는 공간을 정리할 줄 아는 그대의 생활태도는 취업하는 데 강점이 될 것이다. 자기 책상 주변을 정리할 줄 알고 모두가 함께 사용하는 공간을 정리하는 생활태도를 가진 사원이라면 누구나 반기지 않겠는가?

"지금 가장 밑바닥에 있는 사람은 인생에 희망이 보이지 않습니다. 그것은 본래의 자신은 어떤 자신이었는가를 망각한 상태라고 할 수 있습니다. 그러나 우리 인간은 어떤 고통이나 슬픔, 아주 밑바닥이라고 생각되는 상황에 처하더라도 반드시 기어 올라올 수 있는 존재입니다. 반드시 가능합니다. 청소력에는 밑바닥으로부터 다시 살아날 수 있는 놀라운 힘이 있습니다." 마쓰다 미쓰히로의 저서인 『청소력: 행복한 자장을 만드는 힘』에 나오는 내용이다. 앞을 쳐다봐도 위를 쳐다봐도 막막한 현실만 있는가? 헤어날 수 없을 것 같은 취업의 현실 앞에 좌절하고 있는가? 마쓰다 미쓰히로는 그런 그대들을 향해 조언한다. 밑바닥으로부터 다시 살아날 수 있는 놀라운 힘을 사용해보라고. 그 힘이 청소력이다. 청소를 함으로써 생각이 달라지고 행동이 달라진다. 달라진 생각과 행동이 그대들이 그토록 원하는 취업의 기회를 앞당겨줄지 모른다. 지금 당장 청소하자.

〈오늘의 미션〉 지금 당장 자기 방을 청소하고 느낌 알아보기. '청소'에 관련된 책을 읽고 깨달음 적어보기

구분	깨달음
청소에 관련된 책 읽기	
청소 실천하기	

13일 팀 단위 활동하기

"장그래 씨 팀은 굉장히 좋은 팀인 것 같아요."

드라마 <미생>에서 안영이가 영업 3팀의 좋은 분위기 속에서 일하는 장그래에게 한 말이다. '일은 놓쳐도 사람은 놓치지 않는다'는 영업 3팀의 좌우명을 지켜나가는 오 과장과 팀원들의 모습은 타부서의 인턴사원들이 부러워하는 분위기다. 서로를 아껴주고 위해주고 때로는 부족한 부분을 이해하며 감싸주는 팀의 모습을 그려나가는 드라마 속 이야기다. 초반에 팀에서 맴돌기만 했던 장그래가 따뜻한 팀원의 분위기에 자리를 잡아가는 모습을 본 안영이에게 영업 3팀은 '좋은 팀'이었다. 그 팀에는 후배를 아끼는 김 대리, 아랫사람의 말에 경청할 줄 아는 오 과장이 있었다. 어느 날, 이 좋은 분위기의 영업 3팀에 위기가 찾아오게 된다. 영업 3팀에 충원되어 온 박 과장. 그의 언행은 지금까지의 영업 3팀의 분위기에 전혀 어울리지 않았다.

"이제 한 팀이네. 야, 김 대리! (목덜미를 잡으면서) 언제 봐도 일을 잘하게 생겼단 말이지."

"장그래라고 합니다."

"아, 네가 그 낙하산 계약직? 고졸이라며? 운 좋네. 잘해보자."

또다시 이어지는 박 과장의 말에 사무실 분위기는 폭풍전야 같다.

"야, 너 고졸도 아니고 검정고시라면서? 너 개천에서 용 났구나. 신기하네. 입사 피팅은 어떻게 통과했어? 김 대리, 과제 미리 빼돌리고 그런 것 아니지? 너 할 줄 아는 거는 당연히 없을 테고, 예쁘장하게 생겼으니까 얼굴마담은 되겠다. 영업직원 얼굴도 실력이니까 너무 주눅 들지 말고"

계속되는 박 과장의 무시, 짜증, 사적 심부름 등의 언행으로 그토록 좋았던 분위기는 살얼음판으로 바뀌었다. 그런 박 과장의 행동을 본 오 과장은 어떻게든 끌어안고 가보려 하지만 힘들다는 것을 알았다. 영업 3팀의 팀워크를 위해서 박 과장을 포기한다. "그냥 일이나 하자는 소리야, 팀원 말고." 오 과장이 박 과장에게 던진 한마디다. 남을 배려하지 않은 채 자기 위주의 생각과 자기 위주의 일만 하는 박 과장을 보고 선택한 길이었다. 박 과장을 팀원으로 생각하지 않겠다는 의미다. 팀을 위해서.

하루가 다르게 세계경제 상황은 변해간다. 그런 불확실한 상황 속에서 적시에 대처하기 위해 소규모의 팀 단위 업무를 수행하는 기업들이 늘어나고 있다고 한다. 제한된 인력풀을 최대한 활용하여 변화하는 상황 속에서 생존하기 위한 몸부림의 모습이다. 실력만 가지고는 팀에 부여된 업무에 성과를 낼 수 없다. 과정 중에 수많은 난관이 있고 그 난관을 헤쳐 나가기까지는 팀원들의 하나 된 마음이 필요하다. 서로의 실력을 인정해주고 가장 좋은 방법을 찾아내어 임무를 완수하는 팀만이 살아남는 세상이다. 팀은 각자 구성원의 재능이 효과적으로 발휘될 때 최고의 팀이 되는 것이다. 그 구성원은 사람이다. 사람이 팀을 구성하고 있기에 사람의 마음을 거스르면 일이 되지 않는다. 한배를 탄 사람들은 함께 풍랑을 헤쳐 나가야 된다. 혼자서는 거센 풍랑을 이겨낼 수 없다. 함께해야 가능하다. 요즘은 과거와 달리 직급에 상관없이 각자가 다양한 정보들을 가지고 있기 때문에 더욱 그렇다. 그래서 팀워크를 중요시하는 기업들이 박 과장 같은 사원을 뽑지 않으려고 다양한 방법을 사용하여 채용을 결정하는 것이다.

야구단을 운영하는 이야기로 진행되는 드라마 <스토브리그>에서 백승주 단장은 팀 내 최고 선수를 다른 팀으로 트레이드 시키려고 하는데 그 이유는 무엇이었을까? 그 이유는 '자기만을 생각한다. 그리고 팀워크를 해친다'이었다. 팀 경기인 야구에서 팀워크를 무너뜨리는 선수, 그가 팀 내 최고의 선수이고, 리그에서도 손가락에 꼽히는 선수여도 트레이드 대상이다. 이런 생각을 해보자. '나를 위해 팀이 존재하는가? 아니면 팀을 위해 내가 존재하는가?

'2019 대한민국광고대상' 5관왕을 수상한 이노레드의 박현우 대표는 수상 소감에서 팀워크를 강조했다. "이노레드의 원팀(One-Team) 플레이가 만들어내는 크리에이티브가 이번 대한민국광고대상에서 좋은 결과로 나타난 것 같다." 원팀을 중요시하는 박 대표는 원활하지 못한 팀워크의 결과물은 '1+1=2' 이상을 내기 어렵다고 생각한다. 그 이유는 각자 자신의 아이디어를 돋보이게 하는 데 집중한 나머지 팀워크가 깨지고 시너지 효과를 내지 못한다는 것이다. 또 어느 인터뷰에서 박 대표는 팀워크에서 상상 이상의 해법이 나오며, 상대적으로 이직률이 낮은 이유도 팀워크에 있다고 했다. "팀에서 나온 아이디어에 대해 비판하지 않고, 여러 아이디어의 교집합을 찾아 더 좋은 해법을 찾기 위해 소통한다면 1+1의 결과가 무한(∞)에 가까워지면서 새로운 해법을 도출해낸다. 이직률이 높은 광고업계에서 이노레드가 연평균 10퍼센트 미만으로 낮은 이유가 팀워크에 있다. 구성원들은 팀의 일부라는 자부심을 느낄 수 있기 때문"이라고 설명한다.

One-Team은 팀원 중 한 명이 의견을 내고, 그 의견에 또 다른 의견을 제시하고 받아들일 수 있는 마음들이 모인 팀이다. 그런 팀에서 '1+1'의 결과가 3이상을 낼 수 있다. 메시나 호날두처럼 축구계의 영웅 한 명을 믿고 월드컵에 나가서 좋은 성적을 내기는 어렵다. 11명의 선수가 한 몸처럼 템포와 호흡을 맞출 수 있는 팀일 때 좋은 성적이 가능하다. One-Team에는 한 명의 걸출한 인재보다는 팀플레이에 능한 범상한 인재들이 필요한 것이다. 함께 일하면서 문제해결을 위해 팀원 간의 생각의 접점을 찾아가려는 마인드를 가져라. 그런 마인드가 있음을 증명할 수 있는 다양한 경험의 축적이 필요하다.

〈오늘의 미션〉 팀 단위 활동을 할 수 있는 것을 찾고 실행해보기

(예: 팀 과제 발표, 공모전에 팀 단위 응모, 함께하는 여행(등산, 자전거타기 등))

14일 시간 지키기

"시간 낭비는 인생 최대의 실수다."

-빌 게이츠

"인생에서 당신이 가진 유일한 자산은 시간이다."

-스티브 잡스

"매일 지각하는 신입사원. 그녀는 지각의 이유가 매우 다양했다. 일반적으로 아프다는 이유가 60퍼센트를 차지했다. 회사에 늦을 때마다 배가 아프고, 다리가 아프고, 머리가 아프다고 했다. 그 외에는 버스에서 졸다가 정거장을 지나쳐서, 아침에 욕실 물이 안 나와서, 집에 핸드폰을 두고 나와서 등 온갖 변명을 늘어놨다. 하루는 지각을 하지 말라고 따끔하게 충고를 했더니 다음 날 30분이나 일찍 출근을 했다. 그러더니 사무실 의자에 눕다시피 앉아서 3시간을 자고 있었다. 그녀 주변에서는 알코올 향도 났다. 30분과 맞바꾼 3시간이라니. 소름이 돋았다." 어느 인터넷 게시판에 올라와 있는 직장생활 16년 차인 김수정 씨의 말이다.

시간을 지킨다는 것은 약속을 지킨다는 것과 같고 신용을 지켜나가는 기본행위이다. 그런데 사회생활을 해보겠다고 준비하는 청년들 중 시간관념이 부족한 사람들이 보인다. 대부분이 늦잠을 자서, 몸이 아파서, 차가 밀려서 등의 이유를 대기 일쑤다. 그런데 늦는 사람들을 보면 10~20분 정도 늦는다. 조금만 신경 쓰면 늦지 않을 수 있는 시간이다. 왜 비슷한 시간에 늘 늦게 도착하는 것일까? 습관이다. 늦는 것도 습관이다. 그런데 습관은 고치기가 어렵다. 대단한 각오가 있어야 한다. 그리고 고쳐질 때까지 21일, 30일을 지속해서 늦지 않는 것을 습관화해야 한다. 나는 약속된 시간 10분 전에 도착하는 것을 습관화하였다. 최소한 10분 전에는 약속 장소에 도착하여야 한다. 그것이 매너이기도 하다. 어떤 사람은 약속 시간 1시간 전에 도착한다고 한다. 모든 것을 다 하고 시간을 맞추기는 힘들다. 자를 것은 자르고, 건너뛸 것은 과감히 생략해야 한다. 늦잠을 잤는데 식사는 꼭 해야 한다고 생각하면 늦는다. 식사는 다른 방법으로, 다른 시간에 하고 약속 시간을 지키는 자세가 필요하다.

미국의 정치인 벤저민 프랭클린은 말했다. "인생을 사랑하는가? 그렇다면 단 한순간도 시간을 낭비하지 말라. 인생은 곧 시간으로 이루어져 있으므로." 시간을 지키지 않는 사람은 시간을 낭비하는 것이다. 자기뿐만 아니라 시간을 함께하는 사람들 모두에게 시간을 낭비하게 하는 것이다. '시간이 돈이다'라는 말이 있다. 그래서 시간을 지키지 않는다는 것은 돈을 버리는 것과 같다. 만약 그대가 10분 늦었다면 그대와 함께하는 사람들이 10명이고, 1분에 10,000원의 가치평가를 한다고 하면 10분×10명×10,000원=1,000,000원을 손해 본 것이 된다.

나는 살아오면서 지금까지 회의를 수도 없이 했다. 내가 주관하는 회의도 있었고, 다른 사람이 주관하는 회의에도 참석했다. 회의 때마다 느끼는 것이지만 회의가 제시간에 진행되는 경우는 드물다. 어떤 이유에서든지 지체 시간이 생긴다. 회의 주관자의 바쁜 일정으로 앞 시간이 지연되어 다음 회의에 지장을 주기도 한다. 또는 회의 참석자가 늦게 도착하여 기다리느라 늦게 시작한다. 한두 사람에 의해 전체가 시간 손해를 보고 있는 것이다. 회의 시간에 늦는 것은 생각의 차이요, 습관이 문제다. 늦는 사람이 꼭 늦는다. 시간이라는 소중한 자산을 제대로 관리하는 방법을 배우지 못했거나 배웠어도 그 가치의 중요성을 깨닫지 못하고 사는 것이다.

나에게는 축구를 좋아하는 아들이 있다. 축구 경기 약속은 서둘러서 준비하여 늦지 않게 간다. 그러나 다른 약속에는 아무리 서둘러서 준비하자고 해도 태평세월이다. 축구 경기도 그들과의 약속이고, 다른 약속도 약속이다. 두 약속을 지키는 모습이 차이가 나는 것은 무엇 때문일까? 그 모임의 가치를 다르게 놓고 있기 때문이다. 둘 다 중요하다면 둘 다 잘 지켜야 하는 게 맞다. 약속은 서로 비교하여 가치를 평가하기는 어렵다. 약속은 약속 자체로 모두가 가치가 있는 것이다. 단지 시간을 배정할 때 우선순위가 있을 뿐이다. 왜? 약속을 지켜야 하는 몸은 하나밖에 없기 때문이다. 모든 약속은 소중하다. 개인적인 약속이든 사회적, 공동체적 약속이든 마찬가지다. 약속은 최소한 10분 전에는 도착하는 습관을 가져야 한다. 할 수만 있다면 30분 전에는 도착해라. 약속 시간보다 미리 도착한다고 해서 그 시간이 버려지고 낭비되는 시간이 아니다. 미리 도착하면 그 시간에 할 일이 있다. 모임에 대한 준비를 더 하거나, 미리 도착한 다른 사람들과 친교나 업무적 대화를 할 수 있다. 그것도 아니라면 한 권의 책을 가지고 다니면서 시간 날 때 독서하면 된다. 매사에 쫓기는 삶을 살지 말고, 시간에 대한 신용불량자가 되지 말아야 된다. 이것은 취업을 하면 더욱 중요해진다. 9시 출근 시간도 지키지 못하는 신입사원. 누가 좋아하겠는가? 습관을 고치는 것은 쉽지 않다. 하루의 시작은 무조건 9시에 시작할 수 있도록 습관을 가져라. 물론 9시보다 더 일찍 출근해야 되는 곳도 많을 것이다.

시간의 칼자루를 잡자. 초보자는 시침의 칼자루를 잡고, 중급자는 분침의 칼자루를, 고급자는 초침의 칼자루를 잡고 시간을 쪼개라. 쪼갠 시간 단위로 관리하며 움직여보자. 하루 24시간, 한 주 168시간. 이 시간은 누구에게나 공평하게 주어졌다. 낭비되는 시간이 없도록 시간을 관리하고 지키는 습관을 갖자. '9시 1분은 9시가 아니다'라는 어느 회사의 사칙이 생각난다.

〈오늘의 미션〉 하루의 시간 계획을 짜고 그 시간대로 지켜나가기
(함께 읽으면 좋은 책)
-7일, 168시간(젠 예거 지음 / 스노우폭스북스)
-독일 사람들의 시간관리법(자이베르트 지음 / 중앙북스)

매일 만 보 걷기

'인간'은 '걷는 존재' 혹은 '걸으면서 방황하는 존재'

-티베트어

시간이 날 때면 발걸음은 서점과 도서관으로 향한다. 어느 도서관의 최근 도서가 비치된 곳 앞에서 발걸음을 멈추었다. 나의 마음이 끌리는 책이 있는지 위에서 아래로, 좌에서 우로 책의 제목들을 스캔했다. 눈동자가 어느 책의 제목에 걸려 넘어가지 않았다. 어느새 나의 손은 그 책을 집어 들고 있었다. 파란 하늘을 배경 삼고 어떤 담벼락에 앉아 무슨 생각이라도 하고 있는 듯한 남자를 표지로 한 책, 『걷는 사람, 하정우』.

출퇴근을 걸어서 하는 남자, 강남에서 홍대까지 편도 16,000보면 간다는 남자, 비행기를 타러 강남에서 김포까지 8시간을 걸어서 가보았다는 남자, 동일한 곳을 가깝게도 가고 멀게도 가는 것을 즐기는 남자. 그 남자가 하정우다. 영화 <신과 함께>에서 저승삼차사 중 한 명인 강림 역을 맡은 배우이기도 하다. 그만의 걷기의 삶을 기록한 책 『걷는 사람, 하정우』에 대한 서평에서 걷기의 힘을 느껴보자.

'영화 <터널>을 촬영할 때, 터널 안에 매몰된 '정수'의 초췌하고 마른 몸을 표현하기 위해 촬영 중 단기간에 혹독한 다이어트를 해야 했을 때도 그가 택한 것은 역시 '걷기'였다. 그러나 그에게 걷기는 단지 몸 관리의 수단만은 아니다. 하정우에게 걷기란 지금 손에 쥔 것이 무엇이든, 어떤 상황에 처해 있든 두 다리만 있다면 굳건히 계속할 수 있는 것이다. 슬럼프가 찾아와 기분이 가라앉을 때, 온 마음을 다해 촬영한 영화에 기대보다 관객이 들지 않아 마음이 힘들 때, 그는 방 안에 자신을 가둔 채 남 탓을 하고 분노하기보다 운동화를 꿰어 신고, 그저 걷는다. 걸으면서 복기하고 스스로를 추스른다. 일희일비하지 말자고, 지금 이 순간조차 긴 여정의 일부일 뿐이라고, 그리고 결국은 잘될 것이라고.'

지금 그대들은 취업준비로 슬럼프인가? 마음이 힘들어 주저앉아 있는가? 그대에게 취업을 허락하지 않는 세상을 원망하고 있는가? 일어서라. 그리고 하정우처럼 걸으면서 취업준비 과정을 복기해보라. 그리고 두 다리만 있다면 계속할 수 있음을 믿어라. 하정우처럼 오직 그대만의 숨과 보폭으로 걷겠노라 다짐해라. 그대만의 발자국을 남기며 취업 정상에 도전하라. 걸으면서 자기의 삶을 성찰하고 응원하고 격려하며 굳건히 지켜나가는 하정우처럼 그대들도 이제부터 매일 걸어보자. 매일 만 보를 목표로 걷자. 생각에서 잊어버리면 못 한다. 매일 만 보 걷는 것을 쉽게 생각하면 안 된다. 걸으며 생각하고 생각한 것을 실천하며 지내보자. 하루도 빼놓지 말고. 매일 만 보 걷기. 매일 만 보 걷기와 함께 생각이 축적되고 건강이 축적될 것이다.

나도 최근에 만 보 걷기에 대한 실행력을 키우기 위해 만 보 걷기에 대한 앱을 스마트폰에 설치했다. 만 보 걷고 돈도 적립해나가는 재미도 있어 실행력을 키우는 데 도움이 되는 것 같다. 그대들도 실행력을 키우는 데 도움이 되는 장치들을 활용하면 좋을 것 같다. 그대들을 향한 하정우 배우의 응원 메시지다. '삶은 그냥 살아나가는 것이다. 건강하게, 열심히 걸어나가는 것이 우리가 삶에서 해볼 수 있는 전부일지도 모른다. 살면서 불행한 일을 맞지 않는 사람은 없다. 나 또한 마찬가지일 것이다. 인생이란 어쩌면 누구나 겪는 불행하고 고통스러운 일에서 누가 얼마큼 빨리 벗어나느냐의 싸움일지도 모른다. 누구나 사고를 당하고 아픔을 겪고 상처받고 슬퍼한다. 이런 일들은 생각보다 자주 우리를 무너뜨린다. 그 상태에 오래 머물면 어떤 사건이 혹은 어떤 사람이 나를 망가뜨리는 것이 아니라 내가 나 자신을 망가뜨리는 지경에 빠진다. 결국 그 늪에서 얼마큼 빨리 탈출하느냐, 언제 괜찮아지느냐, 과연 회복할 수 있느냐가 인생의 과제일 것이다.'

〈오늘의 미션〉 오늘 하루 만 보 걸으며 취업 실패에 대해 복기하기

-취업하고자 하는 회사까지 걸어가기
-취업하고자 하는 회사 주변을 만 보 걷기
-아르바이트 등 직무경험하는 곳까지 걷기

취업하고 싶은 회사 들여다보기

"주인과 손님의 차이는 무엇일까?"

인터넷 서핑 중에 어느 블로그에 올라온 글을 보게 되었다. '주인과 손님의 차이'에 대한 글이었다. '주인은 어려운 일을 만났을 때 적극적이게 되고 문제를 해결하려고 하지만 손님은 어려울 때일수록 그 일을 해결하기보다 떠날 것을 먼저 생각한다. 주인은 궂은일이나 좋은 일이나 가리지 않고 모든 일을 자기 일로 여기지만 손님은 자기가 좋아하는 일만을 골라서 하고 자기 취향만을 좇는다. 주인은 찾아오는 모든 자들을 귀히 여기고 배려와 섬김을 먼저 생각하되 손님은 자기 자신에 대한 인기를 먼저 생각하고 섬김 받기를 바란다.'

주인과 손님은 힘들고 어려운 상황이 생기면 구분이 된다. 힘들고 어려울 때 손님은 자기중심적 생각으로 손익을 계산하며 떠나거나 회피할 생각을 하게 된다. 그러나 주인은 그 난관을 어떻게 극복할 것인가를 생각한다. 그대들이 취업하고 싶어 하는 회사가 있다면 그 회사의 좋은 점보다는 개선할 점을 먼저 찾아보고 그것을 개선하고자 하는 마음이 드는지 확인해보아라. 시키는 것만 하는 사람은 노예요, 종이다. 노예와 종은 주인이 시키는 것만 잘 하면 된다. 그러면 먹고사는 데는 지장이 없기 때문이다. 주인은 그런 노예와 종에 대해 충성을 다한다고 할 것이다. "시켜주기만 하면 뭐든지 잘할 자신 있습니다." 30년의 리더 생활을 하면서 팔로워들로부터 많이 들었던 말이다. 나도 20대 때는 그런 말을 했던 적이 있었던 것 같다. 이런 자세는 손님과 종의 태도이다. 이런 소극적 태도로는 지원 회사에 대해 깊이 있게 바라볼 수 없다.

'우리 회사는 이런 인재들이 필요합니다.' 회사 홈페이지에 인재상이 올라와 있다.

삼성물산 홈페이지를 들어가 보았다. '글로벌 물산, 글로벌 DNA! 바로 여러분을 기다립니다. 삼성물산은 역사 속에서 대한민국 최고의 인재들과 함께 성장해 왔습니다. 창의, 도전, 열정이 충만한 인재들이 전 세계를 무대로 꿈을 펼치는 곳! 삼성물산과 함께라면 그 꿈은 현실이 됩니다.' 채용 페이지 머리를 장식하고 있는 글이다. 이 홈페이지는 '건설부문, 상사부문, 패션부문, 리조트부문' 채용으로 구분되어 있다. 건설부문 채용 페이지를 들어가 보았다. 채용안내, 직무소개, 인사제도, 채용FAQ로 구분되어 있다. 채용안내에는 인재상, 채용프로세스, 채용공고로 구분되어 있다. 인재상을 꼼꼼히 보았다. 3가지 인재상을 갖춘 그대들을 기다리고 있었다. 취업하고 싶으면 '열린 마음, 열린 머리, 열린 행동'이라는 3가지 인재상을 갖추고 도전하라는 것이다. 짧은 시간에 회사가 원하는 인재상을 갖추기는 힘들다. 많은 시간을 들여 습관화되고 그런 품성을 가져야 된다. 그래야 그 회사에서 일할 수 있는 것이다. 회사의 특성이, 직무의 특성이 그런 인재를 필요로 한다는 의미다. 그러니 일찍부터 자기가 취업하고자 하는 회사를 정해야 한다. 그런 후 회사가 필요로 하는 인재상으로 만들어야 한다. 아니면 그대들이 어떤 인재상인지를 파악하고 거기에 맞는 회사를 찾아야 한다. 회사의 인재상과 취업하고자 하는 그대의 모습이 일치해야 한다는 것이다. 매치된다면 취업될 확률이 높은 것이다. 자, 그대들이 취업을 원하는 회사를 선택해라. 물론 그대들 자신의 철저한 분석을 토대로 한 것임을 전제로 한다. 그리고 원하는 회사의 홈페이지를 샅샅이 뒤져라. 그 회사의 주인이라고 생각하고 봐야 한다. 회사 전체를 보고, 부서를 보고, 직무까지 봐야 한다. 그리고 취업 선배들의 이야기도 읽어봐라. 홈페이지 내용을 얼마나 알고 있느냐가 그대들이 취업하고자 하는 회사에 대한 관심도를 나타내는 것이다. 어느 취업전문가는 당락을 가르는 가장 큰 요소는 회사에 대한 관심도로 보고 있다. 그대들 스스로에게 질문을 던져봐라. '내가 지원한 회사를 나는 얼마나 알고 있는가? 지원한 회사에서 얼마나 일하고 싶어 하는가?'

그대들이 선택한 회사, 그대들이 주인이다. 주인의 마음, 회장과 사장의 마음, 임원의 마음으로 지원 회사를 들여다봐야 한다. 그래야 그대들이 준비할 방향을 알게 된다. 그대들의 준비된 강점을 유감없이 발휘할 수 있는 회사가 그대가 근무할 회사이다. 자기분석 결과를 가지고 취업하고 싶은 회사와 부서, 직무를 깊이 공부해야 할 때다. 지원회사 홈페이지, 경쟁사 홈페이지, 취업한 선배 이야기 등을 통해 그 회사의 주인 입장으로 분석해라. 그리고 회사에서 제공하는 뉴스 읽는 것도 잊지 말아야 한다. 뉴스는 최근 활동에 대한 홍보들이 많다. 홍보를 한다는 것은 그 회사의 관심 분야라는 것이다. 그러니 관심 분야를 알아야 하는 것은 당연한 이치다. 회사가 원하는 인재가 되기 위해 오늘도 노력하는 그대들을 응원한다. '준비된 인재'가 답이다.

〈오늘의 미션〉 취업하고 싶은 회사를 정하고 회사에 대한 모든 것을 알아보기

<TIP> 기업을 자세히 파악하는 방법 7가지

-하루 30분씩 종이 신문 읽고 리뷰하기

-관련 분야의 책을 읽고 독후감 쓰기

-전자공시시스템의 사업보고서 탐독하기

-증권사의 분석 보고서를 읽고 나름대로 분석하기

-SNS로 회사의 공식 계정이나 CEO와 친구 맺기

-선배들의 이야기에 귀 기울이기

-현장을 직접 관찰하기

-출처: 『이기는 취업』 저자 김나이

17일 자기가 하고 싶은 일 찾기

"하고 싶은 일 해봐! 그것이 진짜 하고 싶은 일인지."

우리는 왜 하고 싶은 일을 하면서 살고 싶을까? 기쁨을 위해, 행복하기 위해, 보람을 느끼기 위해 등 다양한 답을 이야기할 것이다. 하고 싶은 일을 직업으로 하면서 돈을 벌 수 있고 하는 일을 통해 행복과 보람을 느낄 수 있다면 최고의 직업이 될 것이다. 그런데 이런 최고의 직업을 가진 사람들을 만나보기란 그리 쉽지 않은 것 같다. 많은 사람들은 자기가 하고 싶은 일이 무엇인지를 잘 알지도 못한다. 자기를 제대로 알아보는 시간이 부족했다. 또 다양한 경험을 통해 하고 싶은 일을 찾는 과정을 갖지 못했다. 그래서 세상 밖으로 나온 순간에도 '정말 내가 하고 싶은 일이 무엇일까?'를 고민하고 있다. 고민하고 방황하다 젊은 날이 지나가고 있다.

온라인 쇼핑몰의 미다스 오병진은 그의 저서에서 성공비법으로 '다양한 경험'을 이야기하였다. 무슨 일이든 성공하기 위해서는 관심을 가지고 몸을 부딪혀가면서 경험을 쌓다 보면 기회가 온다고 말하였다. '관심의 차이가 결과의 차이'를 만든다. 오병진의 경험은 한마디로 '몸으로 직접 느낄 수 있는 감각적인 활동'이었으며, '템포와 호흡이 있고 몸으로 표현해야 하는 일'이었다고 말한다. 사자탈춤 공연, 농수산물시장 아르바이트, 수영 강습, 모델, 인테리어 사업 등의 경험을 했다. 또 커리어엑셀러레이터로 활동 중인 김나이 저자는 그의 저서 『이기는 취업』에서 하고 싶은 일 찾는 5가지 생각법을 제시하였다. 그중에 직업과 관련된 고민들은 현장에 나가 부딪혀봐야 답이 나온다고 말하였다. 현재 자기 상황을 고려해 쉬운 일, 할 수 있는 일부터 찾고, 실행해보라고 조언한다. 아직 하고 싶은 일을 찾지 못한 그대들은 주변에서 바로 할 수 있는 일이 있는지 찾아보고 시도해보길 바란다.

2020년 1월 20일 자 아침 신문을 보는데 이런 기사가 눈에 띄었다. '쉬었음 인구' 200만 시대. 비경제활동인구 중 '쉬었음' 인구가 관련 통계를 작성한 2003년 이후 2018년에 최대 규모였다는 것이다. 이 중 20대의 증가율은 17.3%를 차지했다. 구직을 포기하고 쉬는 20대 청년들이 늘어나는 것은 나라의 운명과도 직결된다. 나라의 운명을 이야기하지 않더라도 개인적으로도 너무나 안타까운 일이다. 어느 사설에서는 일자리를 만드는 주체인 기업을 위한 좋은 환경을 만드는 것에 고민해야 한다고 강조하였다. 그러나 정부가 기업하기 좋은 환경을 만들어주기만을 기다릴 수는 없다. 취준생 한 명 한 명의 청춘들에게는 돌이킬 수 없는 시간들이 가고 있기 때문이다. 취업 환경의 영향이 너무나 크다는 것은 인정한다. 그러면서도 '쉬었음 인구 200만 시대'에 대한 기사를 읽고 마음이 아픈 이유가 있다. 취업 환경이 바뀔 때까지 그대들의 청춘은 기다려주지 않는다는 것이다. 기회 또한 기다려주지 않는다. '쉬었음'은 '아무것도 경험하지 않음'을 의미한다. 쉽게 말해 취업을 위해 이력서에도, 자기소개서에도 아무것도 쓸 수 없는 사라진 시간일 뿐이다. 쉬지 말고 사소한 것이라도 경험하기 위해 집 밖으로, 도서관 밖으로 나가야 한다. 무엇이든지 부딪혀보면서 좋아하는 일에 대해 느껴봐야 한다. 좋아하는 일인데 잘할 수 있는 일인지, 아니면 정말 좋아하는 일이었는지 생각해보는 시간이 필요하다.

나의 생각을 이끌어주시는 스승께서는 "자기 생각을 만드는 대로 좋아한다"고 말씀하셨다. 처음에는 어쩔 수 없이 시작한 일도 하다 보면 좋아하게 되는 경우도 있다. 생각이 달라져 일이 좋아지는 것이다. 그러니 할 수 있는 일이 있다면 하고 싶은 일로 만들고 좋아해 보아라. 나는 감히 말하고 싶다. "쉬면서 고민하지 말고 어떤 일이든 부딪혀보면서 생각해보라." 경험해본 일 중에서 하고 싶은 일이 있는지 찾아보길 바란다.

〈오늘의 미션〉 내가 진짜 하고 싶은 일은 무엇일까?

18일 필요한 사람임을 입증하기

'7억차로 모셔간다, 벤츠·BMW가 반한 19살 한국청년.'

<jobsN>에 올라온 흥미로운 기사 제목이다. 기사에 따르면 19살 청년은 자동차 한 커뮤니티에 다음과 같은 글을 올렸다고 한다.

'고딩입니다. 찍을 차가 없습니다. 슬픕니다… 차량들 제가 찍어 드리고 싶습니다. 물론 무페이로'

고딩으로서 무페이로 사진 모델이 될 차량을 구해가며 그만의 관심사를 세상에 노출시킨 것이다. 그 후 누리꾼들의 뜨거운 반응을 이끌어내며 이제는 프리랜서로 활동하게 되었다. '자동차 사진 전문 프리랜서 백건우 작가'이다. 백 작가는 초딩 때부터 모형차를 사진 찍기 시작했다고 한다. 그리고 카 스파터(car spotter)로 활동하기도 한 경력도 가지고 있다. 촬영 문의가 오면 학교 수업을 마치고 촬영해서 새벽이나 학교 점심시간에 보정작업을 했단다. 야간 자율학습을 빼먹고 촬영하러 가기도 하고, 도서관 대신 자동차 행사장에 다녀오기도 했단다. 이런 열정에 실력까지 갖추고 있었다. 니콘에서 카메라 지원 받고, 벤츠·BMW·재규어와 협업할 수 있는 실력. 좋아하는 것에 대한 실력 갖추기와 지속할 수 있는 열정과 끈기가 만들어낸 결과였다. 그런 능력을 가진 그가 자동차업계에서 홍보를 위해 사진 촬영에 필요한 인재로 인정되었던 것이다. 업계에서 인정받기까지 그는 니콘 카메라로 촬영을 한 때부터만 보더라도 중학교 2학년부터 고등학생까지 5년을 지속했다. 그 전의 디지털카메라, 휴대폰으로 촬영한 기간으로 보면 7년 이상은 노력을 한 것이다. 오랜 시간 동안 촬영한 자동차 사진의 자료와 촬영 실력의 축적 결과가 자동차업계에서 필요성을 인정받기에 충분했다. 그러나 실력과 그 실력을 입증할 자료가 충분하다고 하더라도 필요한 곳에 어필하지 못하면 아무 의미가 없다. 특히 요즘 수시채용이 늘어나고 있는 채용시장에서 자신의 필요성을 어필하는 자세는 더욱 중요해졌다고 본다. SNS에 그대들의 능력을 적극 홍보해보아라. '나는 이런 능력을 가지고 있는 사람입니다.' 단순한 말이 아닌 축적된 자료로 입증해서 보여라.

<이태원 클라쓰>라는 드라마에 자신의 필요성에 대해 적극적으로 어필하는 장면이 방송되었다. '단밤'이라는 식당에서 일하기 위해 찾아온 '조이서.' 사장은 직원이 모두 충원되었다면서 더 이상 취직은 어렵다고 말했다. 그러나 '조이서'는 여기서 물러서지 않고 사장인 '박새로이'에게 '단밤'에 매니저가 필요함을 강조하였다. 사장의 부족한 점을 보완하기 위해 매니저가 필요하다는 논리였다. "저의 필요성을 알려줄게요. 기본안주 하나만 갖다 주세요. 손님한테 대하듯 갖다 주세요." 냄비에 담긴 안주를 가져왔다. "정지! 여기서 잘못된 것, 뭔지 알겠어요?" 이런저런 답을 얘기하지만 답은 없었다. 똥을 닦았는지 뭐 했는지 알 수 없는 손가락이 그릇 안쪽으로 들어간 것이 문제임을 지적했다. "안주를 나를 때는 이렇게 그릇의 바깥으로 든다." 그리고 또 물어보았다. "대표 메뉴가 뭐예요?" 딱히 대표 메뉴가 없다는 사장의 말에 "뭘 시켜야 될지 모르겠다"고 말했다. SNS 스타라서 그런지 사진 촬영도 중요하게 생각했다. 잘 나가는 안주 사진을 찍은 후 보여주면서 "맛있어 보이지 않아요"라고 했다. 거기에다가 먹었을 때 맛도 없다고 말한다. 식당 내부 배치도 손님

동선에 따라 테이블을 배치해야 된다고 말했다. 한 번 손님으로 왔었고, 두 번째 식당에 들어온 그녀였지만 그녀만의 '감'과 '실력'을 자신 있게 어필했다. "잘 생각해요. 사장님 가는 길에 꼭 필요한 사람. 어때요? 아직도 저 필요 없어요?" 그녀를 지켜본 사장 박새로이. "이제부터 조이서가 단밤의 매니저다." 그녀의 적극적인 설명으로 매니저의 필요함을 인정했다.

그대들은 어떤가? 그대들이 가지고 있는 강점을 필요로 하는 곳을 찾았는가? 그렇다면 그 필요성을 채용담당자가 인정할 수 있도록 강력하게 어필할 준비는 되어 있는가? 어필은 달콤한 말로만 되는 것이 아니다. 갖추고 있는 능력으로 어필해야 한다. 능력을 발휘했던 스토리를 통해 채용담당자의 마음을 움직여야 한다. 그대만이 가지고 있는 능력이 채용하고자 하는 회사의 필요성과 매치되어야 한다. '내가 필요한 곳이 어디인가? 나는 취업하고자 하는 회사에 필요한 능력을 갖추고 있는가?' 입증하라. 그대의 필요성을.

〈오늘의 미션〉 필요한 사람인가를 입증하기

1. 나는 가족에게 어떤 부분에서 필요한 사람인가?
2. 나는 동아리에서 어디에 필요한 사람인가?
3. 나는 취직하고 싶은 회사에서 어떤 분야에 필요한 사람인가?

19일 인내심의 한계 도전

면접관은 지원자의 진짜 모습을 보고 싶어 한다. 그래서 어떤 방식으로든지 감추고 있는 지원자의 진짜 모습을 들춰내려 한다. 진짜 모습이 조직에 기여할 것인가, 아니면 손해를 끼칠 것인가를 판단하기 위함일 것이다. 새로운 직원을 뽑는 것은 회사의 분위기, 더 나아가 운명을 좌우하기에 신중을 기하는 것이다. 그래서 취업을 준비하는 그대들에게 말하고 싶다. 조직원들과 함께할 때 생기는, 더 가까이는 취업면접을 할 때 테스트당하게 되는 인내심의 한계를 슬기롭게 극복하는 훈련이 되어야 한다.

내가 지금까지 살아오면서 인내심의 한계를 잘 극복할 수 있었던 것은 극한 경험들을 통해서 단련되었다. 중학생 때 사이클 선수를 잠깐 했던 때가 있었는데 그때의 고된 훈련의 과정이 도움이 되었다. 또 육사 입교 전에 혹독한 겨울에 경험한 지독한 훈련은 그동안 경험하지 못했던 정신적, 육체적인 나의 한계를 느끼며 한 단계 한 단계 극복능력을 키워나갔다. 나 이외의 어떤 요인에 의해 나 자신이 어떻게 반응하는가는 조직생활에 있어서 매우 중요하다. 여러 가지 훈련을 통해 알게 된 나의 모습에 대해 평가하고 조직에서 살아남기 위한 모습으로 만들어나갔다. 그 결과 30년이라는 세월을 한 직장에서 지속할 수 있게 되었다. 물론 그대들에게 한 직장에서 30년을 근무하라는 것은 아니다. 취업은 어느 한 조직에 들어가고자 하는 행위이다. 그렇다면 그 조직에서 살아남을 수 있는 능력을 갖추어야 한다. 그 능력을 갖추고 있느냐를 채용담당자들은 평가하고자 하는 것이다. 그러니 면접의 한 순간만을 잘 넘기려 하지 말고 자기 자신을 그렇게 만들어버리면 된다. 면접의 한순간을 전략적으로 접근하여 진짜 자기모습을 감추고 입사에 성공했다고 하더라도 입사 후에 문제가 발생한다. 입사 한 달 만에 퇴사! 이유는 순간 감추고 입사에 성공했던 진짜 자기모습을 계속 감추며 살지 못하고 들통났기 때문일 것이다.

요즘 급변하는 상황에 제대로 대처 못 하는 기업은 살아남지 못한다. 어제까지도 볼 수 있었던 공장이 오늘 문을 닫게 되는 상황이 도처에서 지금도 일어나고 있다. 이런 급변상황에 적시적절 하게 대처하며 생존하기 위해 팀 단위 능력이 더욱 요구되기도 한다. 이런 팀 단위 활동에서 팀원 한 명의 영향력은 클 수밖에 없다. 그러니 일찍부터 그대 자신을 알고 만들어나가야 된다. 스스로 훈련을 통해 만들어야 된다. 취업에 중요하다. 알프레드 랜싱의 『섀클턴의 위대한 항해』라는 책을 읽어보았는가? 섀클턴이 이끄는 남극 횡단 탐험대의 이야기다. 대장 섀클턴의 지휘하에 28명 전원이 무사 귀환한 실화이다. 출발부터 복귀까지의 생생한 현장 이야기는 조직원의 삶이란 어떤 것인지를 깨닫게 해준다. 취업을 준비하는 그대들에게 간접적인 경험이 될 것이다. 최고의 공포인 죽음이라는 인간 한계치를 어떻게 극복해 가는가를 느껴보고 깨달아보길 바란다. 지원자 5,000명 중에 27명 안에 뽑혔지만 성의가 부족한 사람, 싸움을 한 사람은 바로 해고되었다. 다음은 항해 도중 배가 침몰하게 된 상황에서 있었던 이야기의 일부이다.

'2시간에 걸친 분투 끝에 그들이 약 900m쯤 전진했을 때였다. 느닷없이 맥니쉬가 워슬리를 돌아다보며 더 이상 갈 수 없다고 버텼다. 워슬리가 썰매의 후미로 당장 돌아가라고 명령했지만 맥니쉬는 들은 척도 하지 않았다. 그는 배가 침몰하고 나면 법적으로 명령에 따라야 할 이유가 없다고 주장했다. 따라서 선상에서 근무하고자 서명한 계약서는 이제 무효이며, 명령에 따르건 따르지 않건 그건 자기의 자유라고 말했다. 그에게 내재되어 있던 '바다의 변호사'가 튀어나온 것이었다. 여행을 시작할 때부터 이미 그의 불평불만은 시작되고 있었다. 가뜩이나 고된 일에 불편한 심기까지 가세하자 마침내 그 본색을 드러낸 것이었다. 지난 이틀 동안 그는 드러내놓고 불평을 해댔고, 이제는 더 갈 수 없다고 버티고 있었다. (중략) 일반적으로 선원들이 서명한 계약서는 배가 가라앉으면 자동으로 소멸된다. 그리고 월급도 동시에 중단된다. 그러나 인듀어런스호를 타고 항해한 선원들이 서명한 계약서에는 "선상에서, 보트에서, 혹은 선장이나 선주가 지시하는 해안에서도 모든 의무를 수행한다"는 특별 조항이 삽입되어 있었다. 섀클턴의 정의에 의하면 그들은 현재 '해안에' 있었다. 합법성의 문제를 떠나서도 맥니쉬의 태도는 전혀 앞뒤가 맞지 않았다. 자신에게 주어진 일을 하지 않으면서 탐험대의 일원이 될 수는 없는 일이었다. 만약 그가 자신의 일을 거부한다면 설사 섀클턴이 그것을 허용한다고 하더라고 그는 일주일도 못 가서 얼어 죽고 말 것이다. 맥니쉬의 행동은 단지 감정적이고 소모적인, 휴식을 원하는 늙고 병든 몸이 일으킨 반항일 뿐이었다.'

이런 동일한 상황이 아니더라도 조직생활을 하다 보면 팀이 목표를 향해 분주할 때 정신적, 육체적 한계에 부딪히는 구성원이 생길 수 있다. 그 구성원이 그대 자신이 될 수 있다. 그 때 그대는 어떻게 행동하겠는가? 물론 그대들에게 이런 극단적인 상황은 일어나지 않을 경우가 대부분일 것이다. 그러나 그대들을 테스트할 상황은 언제든지 생길 수 있다. 그때 진짜 그대의 모습을 볼 수 있을 것이다. 그 모습이 탐험대의 맥니쉬 같다면 그대는 좋은 평가를 받지 못할 것이다. 평소에 자신을 절제하고 인내하는 연습을 해야 한다. 취업하고 싶다면 그렇게 해야 한다. 이제부터 그 연습을 생활 속에 해보길 바란다.

〈오늘의 미션〉

1. 등산 가방에 준비물을 철저히 준비하여 넣고 한 번도 가보지 않은 높은 산을 친구와 같이 등산해보자. 친구와 등산이 어렵다면 산악회를 찾아서 같이 동행해보자. 산을 오르내리면서 육체적, 정신적 한계를 느껴보고 극복 방법을 찾아보길 바란다.
2. 자전거를 구할 수 있다면 우리나라 자전거 길을 따라 여행을 해보라. 엉덩이도 아프고, 다리도 아파 힘들고 지칠 때 동행자와 약속한 목표를 이루어가는 과정에서 어떤 모습이 나오는가?
3. 아르바이트를 하게 된다면 육체적, 정신적 스트레스를 받을 때 그 상황을 컨트롤해보자.

20일 | 새벽 깨우기

한 학생이 약속 시간에 늦었다. 이유를 물어보았다. 그 학생의 대답은 간단했다. "죄송합니다. 늦잠을 잤습니다." 왜 늦잠을 잤느냐고 물었더니 밤늦게까지 친구와 놀고 스마트폰 가지고 시간을 보내다보니 늦게 잠이 들었다는 것이다. 어떻게 이해를 해야 될까? 보다 중요한 것을 앞에 두고도 오직 현재만을 즐긴다. 현재의 삶에 충실해야 한다는 어설픈 소리에 속아 넘어간다. 현재를 마음껏 즐기라는 말이 인생의 정답인 듯 미친 듯이 즐긴다. 그러다 정작 다음 날이 되면 후회한다. 조금만 생각하면 뻔한 사실을 반복하고 살아간다. 실패하는 삶을 살면서 성공하기를 바란다.

반면에 성공하는 사람들은 새벽을 자기 시간으로 만들어간다. 새벽을 깨우라고 말한다. 그런데 새벽을 깨우는 것은 쉽지 않다. 쉽지 않기 때문에 누구나 성공하지 못하는 것이다. 저녁 시간은 잡생각이 홍수같이 쏟아지는 시간이다. 비생산적인 시간이 되기 일쑤다. 그러나 새벽은 다르다. 정말 고요하다. 누구도 방해하지 않는 시간이다. 오롯이 자기만의 시간을 가질 수 있다. 생산적인 시간이다. 집중하는 만큼 필요한 생각을 얻을 수 있는 보물단지 시간이다. 그대들의 최대 인생문제인 취업, 새벽 시간에 조용히 생각해보아라. 집중하는 만큼 좋은 생각들이 떠오를 것이다. 할 수 없을 것 같던 일찍 일어나기가 가능함을 알 수 있을 것이다. 새벽은 누구에게나 공평하게 주어진 시간이다. 공평하게 주어진 시간을 버리지 말고 최대로 써먹어야 되지 않겠는가? 그대의 취업에 도움이 된다면 말이다. '지금까지 산 것처럼 앞으로도 살 건가요?' 대한민국 대표강사 김창옥의 책 제목이다. 그는 책의 앞부분에서 이런 말을 했다. "나 자신을 마주하는 시간, 내 안의 목소리를 듣는 시간, 나의 본질을 지켜내는 시간, 당신에게 그런 시간을 선물하고 싶습니다." 그런 시간을 언제 가질 수 있을까? 낮은 시험 준비, 각종 공부 등으로 어려울 것이고, 저녁은 방해거리들이 너무 많아 힘들다. 새벽에만 김창옥 저자가 선물하고 싶은 시간을 가질 수 있을 것이다. 명심하길 바란다. 새벽이다.

언젠가 어느 국립대 교수의 강의를 들은 일이 있었다. 디자인 분야의 최고인 교수이다. 창의력 강의를 몇 번 듣기도 하였다. 한 강의에서 교수님은 학생들의 디자인 공모전 지도를 했던 경험 중 한 가지에 대해 설명을 하였다. 합숙을 하면서 디자인 공모전 준비를 하였는데 학생들에게 제안을 했다고 한다. 새벽에 일찍 일어나 산책을 하며 디자인 구상을 받아보라는 조언이었다. 평소 새벽의 중요성을 알고 있던 교수님이었기에 그렇게 제안을 한 것이다. 합숙하며 준비하던 학생들은 교수님의 말씀 따라 새벽을 깨워 학교 근처의 산책로를 따라 걸었다. 새벽의 고요함, 신선한 공기를 느끼며 구상을 받기 위해 노력했다. 총명함, 평소에는 느껴보지 못한 느낌이 찾아들었다. 그 느낌을 잡고 디자인을 구상했다. 서로의 느낌을 공유하며 만들어 낸 디자인 공모전 작품. 전국 1등의 결과로 답했다. 새벽 깨우기의 승리였다.

하루를 다스리는 시간, 새벽. 새벽을 깨우는 데 성공하면 그대에게 돌아가는 유익은 무엇인가? 하루 중 첫 번째 도전에 성공한 것이다. 새벽 시간에 운동을 했다면 건강을 챙긴 것이다. 남는 시간에 신문을 봤다면 그대의 관심 분야에 대한 지식을 얻었을 것이다. 취업 준비에 대한 생각에 몰입했다면 좋은 아이디어를 얻었을 것이다. 그 렇다. 어제까지는 버려진 시간에서 새벽을 깨우는 순간부터 이득이 남는 시간이 된다. 새벽을 깨우는 사람들을 찾아가 보아라. 시장을 가든지, 환경미화를 위해 애쓰시는 분들을 보든지, 밤새 고기잡이를 하고 돌아온 어부들을 보든지, 그대들이 희망하는 회사에 가보든지. 새벽의 맛을 느끼면 계속 그 느낌을 간직하고 싶을지 모른다. 그것 이 습관이 되면 그대들은 취업준비를 할 때도, 취업을 해서도 그 시 간이 그대 자신뿐만 아니라 그대와 함께하는 이들을 위한 시간으로 장식될 것이다. 확신한다. 새벽이 그대에게 가져다주는 멋진 일들을 상상해보라. 이제부터 저녁을 죽이고 새벽을 살리자. 새벽별을 그대 의 별로 만들어가라. 그 새벽별이 그대의 취업을 이끌어줄 것이다.
 '나는 내일 새벽별을 볼 수 있을까?'

 기업가이자 자선사업가인 '앤드류 카네기'는 이런 말을 남겼다. "아침잠은 인생에서 가장 큰 지출이다."

〈오늘의 미션〉 새벽에 일어나서 한 가지 일하기

 (함께하면 좋은 책)
 -아침 5시의 기적(제프 샌더스 지음 / 비즈니스북스)

행복의 순간을 브랜딩하면 행운이 찾아온다.

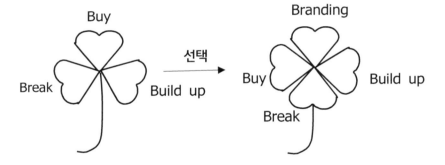

4

4단계(21일): 브랜딩하기(Branding)

 **21일** **책 쓰기**

"취업에 성공하고 싶다면 책을 써라."

『이젠, 책쓰기다』의 저자이며 라온아시아(주) 조영석 대표의 말이다. 취업준비에 바쁜 나날을 보내는 청년들에게는 장난처럼 들리는 말일지도 모르겠다. 필기시험 준비, 면접 준비, 다양한 경험 쌓기, 각종 자격증 준비 등에 주변을 돌아볼 시간이 없는 취준생들에게 책을 쓰라고? 왜 조 대표는 취업을 위해 책을 쓰라고 하는 것인가? 자기 세일즈다. 취업난에도 불구하고 많은 기업들이 채용할 만한 인재들이 부족하다고 한다. 과연 우리나라 청년들의 수준이 기업이 필요로 하는 수준에 못 미치는 것일까? 나는 결코 그렇지 않다고 본다. 그럼 왜 구직과 채용에 미스매치가 일어나는 것일까? 여러 가지 이유가 있을 수 있겠지만 한 가지를 든다면 '부족한 세일즈'를 들고 싶다. 자기 자신에 대한 적극적이고 정확한 세일즈가 부족해서라고 본다. 세상을 사는 이치는 비슷하다. 내가 반평생을 살아보니 그렇게 느껴진다. 지금까지 '누가 보든 안 보든'이라는 수식어구의 힘을 많이 느끼며 살았다. 내 삶을 그렇게 살려고 했고, 다른 사람도 그런 삶을 추구할 때 긍정적으로 평가했다. 그런데 '누가 보든 안 보든'은 한계가 있었다. 딱 거기까지였다. 경쟁이 치열하지 않은 순간까지 그 말은 옳았다. 그러나 조직 구조상 피라미드의 끝부분에 도달하면 상황은 달라졌다. 누가 더 세일즈를 잘 했느냐가 얼마나 중요한지를 깨달았다. 같은 값이면 세일즈가 차지하는 비중은 클 수밖에 없다. 취업시장에 나온 그대들의 가치를 채용담당자들이 단번에 알아볼 수는 없다. 그대들이 말하기 전에는 아무것도 알 수 없다. 문제는 본인조차도 자신을 잘 알지 못한다는 것이 문제다. '내가 무엇을 잘하는지, 무엇에 강점이 있는지, 나의 어떤 점이 회사의 인재상에 부합되는지, 문제해결력은 어느 정도인지' 도대체 알 수가 없다. 그래서 자소서에도 쓸 말이 없다. 결국 인터넷에 떠도는 취업 성공 자소서를 떠들어 보고 베껴 쓰게 되는 것이다.

조영석 대표는 '이젠, 책 쓰기다'라는 책을 통해 이렇게 말한다. '대학생활을 하는 동안 당신 이름으로 된 한 권의 책을 출간해보라. 제발 도서관에 앉아서 남들이 하는 것을 따라서 획일적으로 영어 공부만 하는 어리석음에서 벗어나라. 취업의 길이 없는 것이 아니라, 그 길을 보지 못하는 것뿐이다.' 그러면서 책을 써보면 그대들의 현재 실력과 부족한 점을 알게 된다고 하였다. 기업이 원하는 인재는 기업가 정신을 가진 사람이다. 기업가 정신을 가장 잘 표현할 수 있는 방법이 책 쓰기라고 말한다.

코로나19로 세상이 어수선하다. 대학 개강도, 취업설명회도, 채용 기간도 연기되었다. 기업들은 경제 타격을 받고 있다. 누구보다도 취준생들은 발을 동동 구르고 있을 것 같다. 기업이 어려우면 취업의 문턱은 더욱 높을 것이 뻔하기 때문이다. 고딩을 벗어나 대학이라는 문턱을 넘어온 대학 새내기들은 희망이 없다. 모이지도 못하고, 대학 첫날의 기쁨을 맛볼 상황이 못 된다. 좋은 날이 오길 마냥 기다리지 말고 아무것도 할 수 없다고 생각이 드는 때에 책 쓰기에 도전해보길 바란다. 더없이 좋은 시간이 될 것이다. 그대들의 생각이 멈춰 있으면 안 된다.

그대들은 왜 대학에 왔는가? 그대들은 왜 취업하려고 하는가? 돈 벌기 위해서? 하고 싶은 것을 하고 살기 위해서? 먹고살아야 되니까? 그대들이 지금까지 어떻게 살아왔는지, 왜 살아야 하는지를 정리해볼 수 있는 좋은 방법이 책 쓰다. 20년이라는 세월을 압축해서 그대를 설명해줄 것이다. 그 책이 그대의 미래를 이끌어줄 것이다. 리처드 바크의 『갈매기의 꿈』의 주인공 조나단처럼 생각한다면 말이다. "수천 년 동안 우리는 생선이나 쫓아다니며 살아왔습니다. 하지만 이제는 삶의 의미를 찾아야 할 때입니다. 배우고 알아내고 자유로워지기 위해서 말입니다. 제게 한 번만 기회를 주십시오." 책 쓰기는 그대에게 주어진 수많은 기회 중의 하나다. 그 기회를 놓쳐서는 안 된다. 책 쓰기는 고통이다. 인내다. 어머니가 자식을 낳는 출산의 고통과 같은 산고를 겪는다. 그래서 충분히 도전해볼 가치가 있는 것이다. 스펙 하나 더 쌓는 것보다, 학점 0.1점 높이기 위해 노력하는 것보다 더 가치 있는 일이다. 그대들의 취업을 위해. 지금까지 살아왔던 것처럼 살지 마라. 그대들 안에 가능성이 있다. 그 가능성을 꺼내보길 바란다. 나도 이 책을 쓰고 있다. 이 책이 세상에 나온다면 나는 이 책을 쓰기 전보다 훨씬 성장해 있을 것이다. 그것은 분명하다. 또 다른 나를 발견하게 되었으니까. 그리고 지금까지 생각하지 못했던 길을 걷고 있을 것이다. 그대들도 그러길 바란다. 조영석 라온아시아(주) 대표는 책 쓰기 장점을 이렇게 이야기하였다. "다양한 자료를 본인의 시각으로 재해석하면서 문제해결 능력이 향상된다. 그리고 시간 관리 능력을 갖추게 되고, 집중력과 인내심을 발휘하게 된다."

그대들의 취업의 문을 열어주는 책 쓰기, 이제 시작해보자.

〈오늘의 미션〉 책 쓰기에 대한 출판 도서 읽기와 관련 동영상 찾아 들어보기

오직 취업을 위한 열망으로 인내하며 여기까지 잘 도착했다. 지금까지의 잘못된 생각들을 깨뜨리고(Break) 성공한 사람들의 생각을 샀다(Buy). 그리고 열심히 온몸으로 Basic을 축적해왔다(Build up). 행운을 잡기위해 브랜딩(Branding)을 시작하는 취준생들도 있을 것이다. 이제 실전편이다.

볼링장에 들어가 복장을 제대로 갖추어라. 볼링공은 Basic으로 만들어진 것을 골라라. 준비되었다면 그대에게 배정된 레인 위에 올라서라.

20여 미터 앞에 10개의 볼링핀이 그대의 스트라이크를 기대하며 기다리고 있다. 스트라이크를 치기 위해 몇 번 핀을 공략할 것인가? 1번 헤드핀인가? 5번 핀인가?

아직도 제일 가까이 눈앞에 보이는 1번 헤드핀이 보인다면 레인 위에서 내려와라. 아직 준비가 안 되었다. 전략을 다시 세우고 올라와라. 볼링의 스트라이크 핵심은 5번 핀이다. 킹핀 5번을 쓰러트려야 한다.

취업의 레인 위에 서 있는 그대들의 눈에 헤드핀이 보이면 아직도 스펙이 보인다는 말이다. 이제는 1번 헤드핀(스펙)이 아닌 세 번째 줄 중앙에 위치한 5번 킹핀, 즉 직무와 조직의 적합성이 보여야 한다. 그 킹핀을 공략해야 연쇄반응을 통해 인사담당자들과 면접관들의 마음판을 움직여 모든 핀을 쓰러트리고 스트라이크를 칠 수 있다.

Good luck to you!

에필로그

20대와 함께한 세월에서 느낀 성장의 원동력 'Basic.'

　나의 20대 삶은 많이 아팠다. 그리고 아들들의 10대, 20대의 삶을 함께하며 MZ세대들을 이해하는 과정에서 또 다른 성장통을 겪어야만 했다. 때론 길고 어두운 터널과 같았고, 때론 외나무다리 같은 외길이었다. 그래서인지 한눈을 팔 수도 없었고 그렇게 해서도 안 되었다. 그런 길을 걸어온 지 30년이다. 지금도 여전히 그 길을 걷고 있다. 조금은 안전해졌지만. 그렇다고 이 시대 청년 그대들에게 나처럼 한길을 평생 걸으라고 하는 것은 아니다. 그렇게 하고 싶지도 않다. 단지 나의 20대 삶을 통해, 그리고 20대 청년들과 함께 10년 단위의 삶을 3번 살아본 나로서 그대들에게 할 말이 있어서다. 나는 남들이 말하는 성공길을 걸어가 보려다가 20대 청춘을 제대로 살아보지도 못하고 하마터면 죽을 뻔했다. 그 성공길은 허상이었고, 추락하는 길이었다. 20대 어느 날 저녁, 나는 차량들이 씽씽 달리는 2차선 도로 위에 술에 만취되어 정신을 잃고 인사불성이 되어 쓰러져 있었다. 다행히도 차량들은 쓰러져 있는 내 앞에서 급정지를 했다. 잘도 피해 갔다. 마치 도로에 죽어 쓰러져 있는 고라니나 고양이를 피해 가듯 지나갔다. 그 수많은 차들 중에 도로에 쓰러져 있는 나를 보지 못하고 그냥 지나갔던 차량이 있었다면… 생각하기도 싫은, 아니 잊을 수 없는 끔찍한 순간이었다. 하늘이 도왔다. 평생 감사하며 살아도 부족하다. 이 순간에도 그때를 생각하니 감사함에 눈물이 글썽거린다. 누군가 나를 발견하고 구해주었던 것이다. 다음 날에 나를 구해주신 분을 찾아가서 생생한 상황 설명을 들었고 감사함을 전했다. 그분이 아니었다면 나는 청춘의 꿈도 펼쳐보지 못하고 죽었을 것이다. 이 책을 통해서 나의 20대 삶을 보장해준 그분과 그를 보내서 생명을 지켜주신 하나님께 감사를 드린다. 이 사건 이후로 나는 다시는 추락하지 않으려고 나에 대해 정확히 분석하기 시작했다. 그런 후에 목표를 명확히 하고 질주했다. 목표를 향해 가는 동안 나를 무너뜨리려고 하는 각종 유혹들로부터 단호해졌다. 오직 나를 목표까지 안전하게 이끌어줄 것에 투자했다. 독하게! 중간에 위기의 순간도, 아픔의 나날도 많이 있었지만 오직 목표를 보고 왔기에 추락하지 않을 수 있었다. 아픈 만큼 성숙해졌다. 그런 과정을 거치며 미생인 20대 청춘의 삶을 누가 이끌어주느냐가 얼마나 중요한지 알았다. 20대에 제대로 방향을 잡지 못하면 30대 이후는 방황이다. 다행히 나는 큰 깨달음을 통해 방향을 잡을 수 있었다.

사춘기 아들들을 이해하기 위해 공부하다가 청소년지도사가 되었다. 이제는 20대들에게 청춘의 길을 알려주고 싶다. 그리고 Basic의 문제로 보직 해임시켰던 한 청년을 두고 20대의 청년들을 잘 이끌어주어야겠다고 다짐했던 약속을 지키고 싶다. 이 책을 통해서.

이런 마음을 단짝 친구들을 만나서 전해주었다. 그랬더니 내 말이 끝나기가 무섭게 말했다.

"네가 만난 청년들은 군대라는 특수한 환경에서 만난 젊은이들이 잖아? 그런 청년들을 보고 깨달은 것을 일반화해서 책을 쓴다는 것이 맞을까?"

"나는 오히려 군대라서 더 큰 장점이 있는 것 같은데. 들어봐! 우리가 살면서 전국, 심지어 해외에서 살다가 온 다양한 20대들을 언제 만나볼 수 있겠어? 성장배경도 다르지, 입대 전의 신분도 달라. 대학생, 직장인, 취준생, 운동선수 등. 군대니까 더 다양한 20대들을 만날 수 있었던 것 아닐까?"

그렇다. 내가 만난 20대 청년들은 특수한 환경에서 성장한 이들이 아니다. 우리나라의 모든 20대 청년들로서 때가 되어 국가의 부름을 받고 특수한 환경에 모였을 뿐이다. 그들의 성향은 그대로다. 오히려 20대 청년들의 성향을 파악하기 더 좋은 환경이었다. 개인의 삶이 아닌 한 조직의 구성원이 되어 어떻게 적응해나가는지를 볼 수 있었기 때문이다. 자기가 원해서 온 곳은 아니지만 주어진 삶을 어떻게 살아가는가는 굉장히 중요하다. 물론 이런 특수한 환경에서 만난 청년들만을 보고 이 글을 쓰게 된 것은 아니다. 특수한 환경에 있다가 다시 사회로 나가서 각자의 꿈을 향해 살아가는 모습을 보기도 하였다. 직장에서는 지금의 20대 대학생들을 만나며, 집에 들어가면 요즘 20대들인 사랑하는 아들들이 어떻게 살아가는지 늘 보고 있고, 교회에 가면 90년대생과 2000년대생들을 만나게 된다. 그러기에 30년 동안 지켜본 20대 청년들에게서 변함없이 찾아볼 수 있었던 성장의 원동력 'Basic'을 요즘의 20대 청년들에게 얘기하고 싶은 것이다. 이런 나의 마음이 독자들에게 잘 전달되길 바란다.

끝으로 이 책이 나오기까지 함께해주신 모든 분들께 감사드립니다.

책을 쓰는 동안 지혜와 지식으로 함께 해주신 성삼위 하나님, 20대부터 정신과 생각을 이끌어주신 스승님, 영혼으로 함께하시는 아버지, 홀로 계시며 응원하시는 어머니, 항상 2년 앞에서 인생을 이끌어준 누나, 사랑하는 동생들, 직장과 학교에서 열심히 살아가는 조카들, 그리고 20대 후반에 만나 지금까지 동반자로 함께하며 지금을 있게 한 아내, 희망의 아들딸들, 학교와 군에서 만난 선후배님들, 이 글이 나올 수 있게 함께했던 20대의 건장한 청년들, 조언을 아끼지 않은 친구들, 라온아시아(주) 조영석 대표님과 직원분들, 흔쾌히 추천사로 이 책을 빛내주신 분들, 이담북스 출판사 관계자분들 모두 감사합니다.

취업 준비 노트 1: 취업에 도움이 되는 사람들

【오래 근무한 사람】 근속 기간이 길지만 종종 윗선으로부터 무시 당하는 사람들을 찾아라. 회사마다 이런 사람들이 꼭 있다. 그들은 회사 구석구석에 대해 알고 있다. 그들을 존중하라. 그들이야말로 목 표를 달성하는 데 꼭 필요한 이들이다.

【그만둔 사람】 회사를 떠난 사람들은 최악의 상황을 겪은 경우가 많다. 그들은 회사가 해줄 수 없는 것이 무엇인지 안다. 물론 그들 이 하는 말을 곧이곧대로 믿어서는 안 된다. 회사에 대한 감정이 좋 지 않을 수도 있기 때문이다. 그러나 그들을 통해 좀 더 회사의 냉 정한 정보들을 알아낼 수 있다.

【청소 담당자】 대부분의 사람들이 회사 내 청소부들에 대해 신경 을 쓰지 않는다. 그러나 그들은 회사 안의 많은 것을 보고 듣는 사 람들이다. 그러니 내 편으로 두어서 손해 볼 일은 없다.

【경영지원팀】 임원들은 자주 바뀌어도 경영지원팀 사람들은 대부분 오래 다닌다. 그들이야말로 소문을 퍼뜨리는 주범들이다. 그러니 그들 을 내 편으로 만들어라.

【인사팀】 사실 인사팀 사람들을 쉽게 내 편으로 만들기는 어렵다. 그들의 주요 업무가 회사를 보호하는 일이기 때문이다. 하지만 그들 도 사람이다. 낮은 직급의 이들부터 친분을 쌓아라. 그들이 하는 일 에 관심을 보여라. 기꺼이 자신이 어떤 일을 하는지 설명해줄 것이다.

【외부 공급 업체】 외부 공급 업체와 친분을 두텁게 쌓으면 생각 지 못한 상황에서 많은 혜택을 누릴 수 있다.

-출처: 『어떻게 원하는 것을 얻는가』
(스튜어트 다이아몬드 지음, 김태훈 옮김)

취업 준비 노트 2: 원하는 회사에 들어가는 비결

<열여덟 번이나 1차 면접에서 낙방했다가 열두 번 연속으로 최종 면접까지 간 끝에 원하는 직장에 들어간 학생>

그의 이름은 메훌 트리베디로, 메훌은 와튼스쿨 동창생들을 인맥으로 활용하여 지원한 회사에 다녔던 이들을 찾아냈다. 그리고 그들로부터 지원하는 회사와 부서의 니즈, 의사 결정자, 면접관에 대한 정보를 세밀하게 파악했다.

그 결과 메훌은 지금까지 자신이 이력서를 너무 평범하게 썼다는 사실을 깨달았다. 각 기업은 서로 다른 니즈를 갖고 있었고, 그에 따라 구직자들에게 다른 기술 경험을 요구했다. 또한 한 기업 내에서도 부서마다 필요로 하는 니즈들이 달랐다.

메훌은 정보 수집을 끝낸 후, 지금까지 썼던 이력서를 모두 휴지통에 버렸다. 그리고 각 기업과 부서에 적합한 맞춤형 이력서를 새로 작성했다.

-출처: 『어떻게 원하는 것을 얻는가』
(스튜어트 다이아몬드 지음, 김태훈 옮김)

<경험이 부족하다는 이유로 합격이 안된다?>

이장(Yi Zang)은 경험이 부족하다는 이유로 벤처 투자사에 합격하지 못했다. 그래도 그는 포기하지 않았다. 그는 벤처 투자사가 인터넷 전화 기술에 관심이 많다는 사실을 알아냈다. 인터넷 전화 기술이야말로 그의 전문 분야였다. 그래서 회사 측에 이와 관련된 무료 컨설팅을 제의했다. 일단 조직 안에 들어가면 밖에서는 접할 수 없는 정보와 기회를 얻게 될 테니 여러모로 이득이 될 게 분명했다. 자원봉사자였던 이들이 직원이 되는 경우는 바로 이런 점 때문이다. 벤처 투자사는 그가 만든 시장분석 보고서를 투자에 참고했다. 그는 자신이 보고서를 제안한 투자건이 결정되면서 회사 내에서 보다 탄탄한 입지를 구축하게 되었다. 당장 그 회사의 직원이 되지 못할지라도, 이력서에 추가할 좋은 경력을 쌓은 셈이다. 실제로 그는 그로부터 얼마 후 상하이에서 일자리를 구할 수 있었다.

-출처:『어떻게 원하는 것을 얻는가』

(스튜어트 다이아몬드 지음, 김태훈 옮김)

<필요로 하는 기술적 능력을 갖추지 못해서 떨어졌다>

마크 소렐은 세계은행 산하의 국제금융공사에 지원했다가 떨어졌다. 그가 국제금융공사에서 필요로 하는 기술적 능력을 갖추지 못했다는 것이 이유였다. 그는 와튼스쿨에서 2년동안 투자 시장에 대해 배운 내용을 정리하여 담당자에게 보냈다. 그리고 이미 결정을 내린 것은 알지만 다시 한번 기회가 주어지기를 바란다는 내용의 편지를 동봉했다.

그리고 필요하다면 시험을 치를 수도 있다는 말도 덧붙였다.

원하는 것을 얻고자 한다면 마크처럼 끈기 있게 기회를 찾는 것이 중요하다. 몇 달 후 합격자 한 명에게 문제가 생기자, 국제금융공사는 마크에게 시험을 치를 기회를 주었다.

결국 마크는 원하던 일자리를 얻을 수 있었다.

-출처:『어떻게 원하는 것을 얻는가』
(스튜어트 다이아몬드 지음, 김태훈 옮김)

취업 준비 노트 3: 짐승같은 성실함만 있으면 성공한다.

초심을 강조하면서 나는 항상 '짐승같은 성실함만 있으면 성공한다'는 말을 덧붙인다. 아마도 조직을 이끌거나 팀장 정도 위치에 있는 사람이라면, 요즘 젊은 친구들 중 성실한 사람 찾기가 하늘에 별 따기라는 말에 공감할 것이다. 총각네에 찾아오는 친구들만 보더라도, 손만 뻗으면 금방 성공과 부를 움켜쥘 수 있을 거라는 환상과 기대감으로 가득하지만 이내 포기한다. 이른 새벽에 일어나야 하고, 야채 한 봉지를 팔기 위해 스무 가지, 서른 가지 준비를 해야 한다는 사실에 진저리를 친다. 굉장히 피곤한 일에다 폼 나는 일도 아니다. 그래서 나는 직원을 뽑을 때 가장 먼저 그 사람의 성실함을 본다. 매장 청소하기, 손님 차에 과일 실어다 주기, 물건 배달하기 등등 일부러 허드렛 일부터 맡기는 것도 성실성을 시험하기 위해서다. 여기에서 일단 합격해야 본격적으로 장사하는 방법을 가르친다.

결국, 성실한 사람만이 총각네에서 점주가 되었고, 점주가 되어서 초심을 잃지 않은 사람만이 높은 매출을 내며 성공했다. 정말 성공하고 싶다면, 짐승 같은 성실함을 가져라.

-출처: 『인생에 변명하지 마라』 (이영석 지음)

취업 준비 노트 4: 전문적인 컨설팅이 중요하다.

<스펙쌓기에 앞서 자신의 적성과 비전 체크>
"대학일자리센터에서 자기소개 첨삭지도를 처음 받아봤어요. 다른 곳에서 자기소개서 컨설팅을 받긴 했지만 대부분 조언을 덧붙여 주는 정도에 불과했거든요. 하지만 대학일자리센터 컨설턴트 선생님 도움으로 일취월장하는 게 눈에 보이더라구요. 몇 번 지도를 받은 후 만족할만한 자기소개서를 완성할 수 있었어요. 단순한 스펙을 쌓기 위한 자격증 공부 대신 학원에서 아이들을 가르친 경험과 학교의 코랩과정(핵심전무전문가양성과정)에 참여해 다양한 직무를 맡으며 창의적인 일에도 흥미를 느끼게 됐는데 이는 곧 제 적성과도 결부되는 것 같습니다.

취업 준비에 있어서 면접, 자기소개서, 스펙보다 중요한 건 자신을 파악하는 겁니다. 센터의 도움을 받으며 자신의 장단점과 적성을 파악하고 전문 컨설턴트와의 상담을 통해 자기관찰과 분석을 할 수 있습니다. 취업을 준비한다면 대학일자리센터를 내 집처럼 이용하는 것도 방법입니다. 자주 찾고, 상담하고, 경험하다보면 자신에게 맞는 일을 찾을 수 있어요." - 정은진

-출처: 고용노동부 공식블로그

취업 준비 노트 5: 기회는 찾아 나서야 된다.

국내 기업의 인도법인에서 영어 상급의 인턴에 지원해 30:1의 경쟁을 뚫고 합격. 인턴 계약 종료와 동시에 귀국해서 학교를 졸업하고 해외 취업 전략을 세워 도전했으나 실패. 싱가포르에서 3개월간 고군분투했지만 원하는 자리를 얻기란 어려웠고 지푸라기라도 잡는 심정으로 한국산업인력공단과 KOTRA 무역관이 주최한 K-MOVE 현지 멘토링에 참여하여 자신의 역량 어필.
"싱가포르에서 열리는 K-MOVE 현지 멘토링에 참석해 멘토링, 채용 담당자에게 최대한 나를 어필했고 귀국 후 코엑스에서 열린 해외취업박람회에서 채용 담당자를 다시 만나게 되어 새 채용계획이 있다는 소식에 제 이력서를 전달해 합격할 수 있었습니다. 기회는 찾아나서야 한다는 것을 다시금 깨닫게 된 경험이었습니다." - 구자경

-출처: 고용노동부 공식블로그

청년, 취업하고 싶어?
7Basic에 미쳐봐

초판인쇄 2020년 6월 15일
초판발행 2020년 6월 15일

지은이 임승탁
펴낸이 채종준
펴낸곳 한국학술정보㈜
주소 경기도 파주시 회동길 230(문발동)
전화 031) 908-3181(대표)
팩스 031) 908-3189
홈페이지 http://ebook.kstudy.com
전자우편 출판사업부 publish@kstudy.com
등록 제일산-115호(2000. 6. 19)

ISBN 978-89-268-9978-6 13330